UM TETO TODO SEU

COLEÇÃO DUETOS

VIRGINIA WOOLF

1929

Traduzido por Sheila Koerich

UM

Mas, você pode dizer, nós lhe pedimos para falar sobre mulheres e ficção - o que, isso tem a ver com um quarto próprio? Vou tentar explicar. Quando você me pediu para falar sobre mulheres e ficção, sentei-me às margens de um rio e comecei a me perguntar o que significavam as palavras. Elas podem significar simplesmente alguns comentários sobre Fanny Burney; mais alguns sobre Jane Austen; uma homenagem às Brontës e um esboço do Presbitério Haworth sob a neve; alguns gracejos, se possível, sobre a Srta. Mitford; uma alusão respeitosa a George Eliot; uma referência à Srta. Gaskell e uma teria sido feita. Mas, à segunda vista, as palavras não pareciam tão simples. O título mulheres e ficção pode significar, e você pode ter querido dizer, mulheres e como elas são, ou pode significar mulheres e a ficção que elas escrevem; ou pode significar mulheres e a ficção que é escrita sobre elas, ou pode significar que de alguma forma as três estão inextricavelmente misturadas e você quer que eu as considere sob essa luz. Mas quando comecei a considerar o assunto desta última maneira, que parecia ser a mais interessante, logo vi que tinha um inconveniente fatal. Eu nunca deveria ser capaz de chegar a uma conclusão. Nunca deveria ser capaz de cumprir o que é, entendo, o primeiro dever de um conferencista de lhe entregar, após uma hora de discurso, uma pepita de pura verdade para embrulhar entre as páginas de seus cadernos e manter na lareira para sempre. Tudo o que eu podia fazer era dar-lhe uma opinião sobre um ponto menor - uma mulher deve ter dinheiro e um quarto próprio para escrever ficção; e isso, como você verá, deixa por resolver o grande problema da verdadeira natureza da mulher e da verdadeira natureza da ficção. Eu me furtei ao dever de chegar a uma conclusão sobre estas duas questões -

mulheres e ficção permanecem, no que me diz respeito, problemas não resolvidos. Mas para fazer algumas reparações, vou fazer o que puder para mostrar como cheguei a esta opinião sobre o quarto e o dinheiro. Vou desenvolver em sua presença a mais completa e livremente possível uma linha de pensamento que me levou a pensar assim. Talvez se eu puser a descoberto as idéias, os preconceitos, que estão por trás desta afirmação, você verá que eles têm alguma influência sobre as mulheres e alguns sobre a ficção. De qualquer forma, quando um assunto é altamente controverso - e qualquer questão sobre sexo é que - ninguém pode esperar dizer a verdade. Só se pode mostrar como se chegou a ter a opinião que se tem. Só se pode dar ao público a chance de tirar suas próprias conclusões ao observar as limitações, os preconceitos, as idiossincrasias do orador. É provável que a ficção aqui contenha mais verdade do que fato. Portanto, proponho, fazendo uso de todas as liberdades e licenças de uma romancista, contar-lhes a história dos dois dias que antecederam minha vinda aqui - como, curvada pelo peso do assunto que vocês colocaram sobre meus ombros, eu ponderei e fiz com que funcionasse dentro e fora de minha vida diária. Não preciso dizer que o que estou prestes a descrever não tem existência; Oxbridge é uma invenção; Fernham também; 'eu' é apenas um termo conveniente para alguém que não tem nenhum ser real. Mentiras fluirão de meus lábios, mas talvez haja alguma verdade misturada com elas; cabe a você procurar esta verdade e decidir se vale a pena manter alguma parte dela. Caso contrário, é claro que você jogará tudo isso na cesta de papéis e esquecerá tudo isso.

Aqui estava eu então (chame-me Mary Beton, Mary Seton, Mary Carmichael ou por qualquer nome que você queira - não é uma questão de importância) sentada às margens de um rio há uma ou duas semanas atrás, com o tempo de outubro, perdida em pensamento. Aquele colarinho de que falei, mulheres e ficção, a necessidade de chegar a alguma conclusão sobre um assunto que levanta todo tipo de preconceitos e paixões, inclinou minha cabeça para o chão. À direita e à esquerda arbustos de algum tipo, dourados e carmesim, brilhavam com a cor, mesmo parecendo queimados com o calor, do fogo. Na outra margem, os salgueiros choravam em perpétuas lamentações, seus cabelos sobre seus ombros. O rio refletia o que quer que escolhesse de céu e ponte e árvore em chamas, e quando o graduado tinha ousado seu barco através dos reflexos eles fecharam novamente, completamente, como se nunca tivesse sido. Aí se poderia ter sentado sem pensar. Pensando - para chamá-lo por um nome mais orgulhoso do que ele merecia - tinha deixado sua linha cair no rio. Balançou, minuto após minuto, aqui e ali entre os reflexos e as ervas daninhas, deixando a água levantá-la e afundá-la até... você conhece o pequeno puxão... o súbito conglomerado de uma ideia no final da linha: e então o arrastamento cauteloso dela para dentro, e a cuidadosa colocação dela para fora... Infelizmente, colocado sobre a grama, quão pequeno, quão insignificante este meu pensamento parecia; o tipo de peixe que um bom pescador volta a colocar na água para que possa engordar e um dia valha a pena cozinhar e comer. Não vou incomodá-los com esse pensamento agora, embora se olharem com cuidado, poderão encontrá-lo para vocês mesmos no decorrer do que vou dizer.

Mas por menor que fosse, tinha, no entanto, a misteriosa propriedade de sua bondade - voltada à mente, tornou-se ao mesmo tempo muito excitante e importante; e, ao ousar e afundar, e ao piscar para aqui e para acolá, instalou uma tal lavagem e tumulto de idéias que era impossível ficar parado. Foi assim que me vi caminhando com extrema rapidez através de um terreno gramado. Instantaneamente a figura de um homem se levantou para me interceptar. Tampouco entendi que as gesticulações de um objeto de aparência curiosa, com um casaco e uma camisa de noite cortada, eram dirigidas a mim. Seu rosto expressou horror e indignação. Instinto em vez de razão veio em meu auxílio, ele era um Beadle; eu era uma mulher. Este era o gramado; ali estava o caminho. Somente os bolsistas e bolsistas são permitidos aqui; o cascalho é o lugar para mim. Tais pensamentos foram o trabalho de um momento. Quando recuperei o caminho, os braços do

Beadle afundaram, seu rosto assumiu seu descanso habitual, e embora a grama seja melhor para andar do que o cascalho, nenhum grande mal foi feito. A única acusação que pude apresentar contra os colegas e estudiosos do que quer que fosse o colégio foi que, em proteção ao seu gramado, que foi enrolado por 300 anos consecutivos, eles tinham mandado meu peixinho para o esconderijo.

Que idéia tinha sido a que me havia enviado de forma tão audaciosa a transgressão que agora não conseguia lembrar. O espírito de paz desceu do céu como uma nuvem, pois se o espírito de paz habita em qualquer lugar, ele está nos tribunais e quadrantes de Oxbridge em uma bela manhã de outubro. Passeando por aquelas faculdades passando por aqueles salões antigos, a aspereza do presente parecia suavizada; o corpo parecia contido em um miraculoso gabinete de vidro através do qual nenhum som podia penetrar, e a mente, livre de qualquer contato com os fatos (a menos que alguém transgressasse o gramado novamente), tinha a liberdade de se estabelecer em qualquer meditação que estivesse em harmonia com o momento. Por acaso, alguma lembrança perdida de algum ensaio antigo sobre revisitar Oxbridge nas longas férias trouxe Charles Lamb à mente - disse Thackeray, colocando uma carta de Lamb em sua testa. De fato, entre todos os mortos (doulhe meus pensamentos quando eles vieram até mim), Lamb é um dos mais simpáticos; alguém a quem se gostaria de dizer: "Digame então como você escreveu seus ensaios? Pois seus ensaios são superiores até mesmo aos de Max Beerbohm, pensei, com toda sua perfeição, por causa daquele clarão selvagem de imaginação, aquela rachadura relâmpago de gênio no meio deles que os deixa imperfeitos e incompletos, mas estrelados pela poesia. O cordeiro veio então para Oxbridge talvez há cem anos. Certamente ele escreveu um ensaio - o nome me escapa - sobre o manuscrito de um dos poemas de Milton que ele viu aqui. Talvez tenha sido LYCIDAS, e Lamb escreveu como o chocou pensar que qualquer palavra em LYCIDAS poderia ter sido diferente do que é. Pensar em Milton mudando as palavras daquele poema lhe pareceu uma espécie de sacrilégio. Isto me levou a lembrar o que podia de LYCI-

DAS e a me divertir adivinhar qual palavra poderia ter sido alterada por Milton, e por quê. Ocorreu-me então que o próprio manuscrito para o qual Lamb tinha olhado estava a apenas algumas centenas de metros de distância, de modo que se podia seguir os passos de Lamb através do quadrilátero até aquela famosa biblioteca onde o tesouro é guardado. Além disso, eu me lembro, ao colocar este plano em execução, é nesta famosa biblioteca que o manuscrito do ESMOND de Thackeray também é preservado. Os críticos costumam dizer que o ESMOND é o romance mais perfeito da Thackeray. Mas a afetação do estilo, com sua imitação do século XVIII, dificulta, até onde me lembro; a menos que de fato o estilo do século XVIII fosse natural para Thackeray - um fato que se poderia provar olhando o manuscrito e vendo se as alterações foram para o benefício do estilo ou do sentido. Mas então se teria que decidir o que é estilo e o que significa, uma questão que - mas aqui eu estava na verdade na porta que leva à própria biblioteca. Devo tê-la aberto, pois instantaneamente lá foi emitida, como um anjo da guarda barrando o caminho com uma bata preta em vez de asas brancas, um senhor depreciativo, prateado e bondoso, que se arrependeu em voz baixa quando me acenou de volta que as senhoras só são admitidas na biblioteca se acompanhadas por um Fellow do Colégio ou munidas de uma carta de apresentação.

Que uma biblioteca famosa tenha sido amaldiçoada por uma mulher é uma questão de completa indiferença para com uma biblioteca famosa. Venerável e calma, com todos os seus tesouros trancados a salvo dentro de seu peito, dorme complacentemente e, no que me diz respeito, dormirá para sempre. Nunca mais acordarei esses ecos, nunca mais pedirei essa hospitalidade, prometi enquanto descia os degraus em fúria. Ainda restava uma hora antes do almoço, e o que fazer? Passear nos prados? sentar perto do rio? Certamente era uma linda manhã de outono; as folhas estavam esvoaçando vermelho até o chão; também não havia grandes dificuldades em fazer. Mas o som da música chegou ao meu ouvido. Algum serviço ou celebração estava indo adiante. O órgão reclamou magnificamente quando eu passei pela porta da capela. Até a tristeza do cristianismo soava naquele ar sereno mais como a lembrança da tristeza do que a própria dor; até mesmo os gemidos do antigo órgão pareciam lapidados em paz. Eu não tinha desejo de entrar se tivesse o direito, e desta vez o verdugo poderia ter me impedido, exigindo talvez meu certificado de batismo, ou uma carta de apresentação do reitor. Mas o exterior destes magníficos edifícios é muitas vezes tão bonito quanto o interior. Além disso, era divertido o suficiente ver a congregação se reunindo, entrando e saindo novamente, ocupando-se na porta da capela como abelhas na boca de uma colmeia. Muitos estavam de chapéu e bata; alguns tinham tufos de peles nos ombros; outros eram levados em cadeiras de banho; outros, embora não passassem da meia-idade, pareciam amarrotados e esmagados em formas tão singulares que se lembrava daqueles caranguejos e lagostins gigantes que se agitam com dificuldade através da areia de um aquário. Como eu me inclinava contra a parede, a Universidade realmente parecia um santuário em que se conservam tipos raros que logo seriam obsoletos se deixados para lutar pela existência no pavimento do Oceano Atlântico. Velhos relatos de velhos reitores e de velhos demônios me vieram à mente, mas antes de eu ter invocado coragem para assobiar - costumava ser dito que ao som de um apito o velho professor ---- imediatamente invadiu rapidamente e galopou --- a venerável congregação entrou. O exterior da capela permaneceu. Como se sabe, suas altas cúpulas e seus pináculos podem ser vistos, como um navio à vela, sempre viajando nunca chegando, iluminado à noite e visível por milhas, bem longe através das colinas. Uma vez, presumivelmente, este quadrilátero com seus gramados lisos, seus enormes edifícios e a própria capela também era pântano, onde as gramíneas ondulavam e os porcos enraizavam. Equipes de cavalos e bois, pensei, devem ter puxado a pedra em carroças de países distantes, e então, com trabalho infinito, os blocos cinzentos em cuja sombra eu agora estava de pé foram colocados em ordem uns sobre os outros, e então os pintores trouxeram seus vidros para as janelas, e os pedreiros estiveram ocupados por séculos naquele telhado com massa e cimento, pá e colher de pedreiro. Todo sábado alguém deve ter despejado ouro e prata de uma bolsa de couro em seus punhos antigos, pois tinham suas cervejas e salsichas presumivelmente de uma noite. Um fluxo interminável de ouro e prata, eu pensava, deve ter fluido para esta corte perpetuamente para manter as pedras chegando e os pedreiros trabalhando; para nivelar, para escavar, para garimpar e para drenar. Mas era então a era da fé, e o dinheiro era derramado liberalmente para colocar estas pedras sobre uma base profunda, e quando as pedras eram levantadas, ainda mais dinheiro era derramado dos cofres dos reis e rainhas e dos grandes nobres para garantir que os hinos fossem cantados aqui e os estudiosos ensinassem. As terras foram concedidas; o dízimo foi pago. E quando a era da fé acabou e a era da razão havia chegado, o mesmo fluxo de ouro e prata continuava; foram fundadas bolsas de estudo; foram dadas palestras; apenas o ouro e a prata fluíam agora, não dos cofres do rei. mas dos cofres de comerciantes e fabricantes, das bolsas de homens que haviam feito, digamos, uma fortuna da indústria, e devolviam, em seus testamentos, uma parte abundante dela para dar mais cadeiras, mais palestras, mais bolsas de estudo na universidade onde haviam aprendido seu ofício. Daí as bibliotecas e laboratórios; os observatórios; o esplêndido equipamento de instrumentos caros e delicados que agora se encontram em prateleiras de vidro, onde há séculos as gramíneas ondulavam e os porcos enraizavam. Certamente, enquanto passeava pela quadra, a fundação de ouro e prata parecia suficientemente profunda; a calçada se estendia solidamente sobre as gramíneas selvagens. Homens com bandejas na cabeça iam de escada em escada. As flores de Gaudy floresciam em caixas de janelas. Os gramofones se soltavam das salas dentro. Era impossível não refletir - o reflexo, o que quer que tenha sido cortado. O relógio bateu; era hora de encontrar o caminho para o almoço.

É um fato curioso que os romancistas têm uma maneira de nos fazer acreditar que os almoços são invariavelmente memoráveis por algo muito espirituoso que foi dito, ou por algo muito sábio que foi feito. Mas eles raramente poupam uma palavra para o que foi comido. Faz parte da convenção do novelista não mencionar a sopa e o salmão e os patinhos, como se a sopa e o salmão e os patinhos não tivessem importância alguma, como se ninguém jamais fumasse um charuto ou bebesse um copo de vinho. Aqui, porém, tomarei a liberdade de desafiar essa convenção e dizer-lhes que o almoço nesta ocasião começou com salada, afundada em um prato fundo, sobre o qual o cozinheiro da faculdade havia espalhado uma panela do creme mais branco, salvo que estava marcada aqui e ali com manchas marrons como as manchas nos flancos de uma coelha. Depois disso vieram as perdizes, mas se isto sugere um par de pássaros carecas e marrons em um prato, você está enganado. As perdizes, muitas e variadas, vieram com toda sua comitiva de molhos e saladas, as afiadas e as doces, cada uma em sua ordem; suas batatas, finas como moedas mas não tão duras; seus brotos, folhados como botões de rosa mas mais suculentos. E logo que o assado e sua comitiva foram feitos, o próprio Beadle, talvez em uma manifestação mais branda, colocada diante de nós, com uma coroa de guardanapos, uma confeitaria que levantou todo o açúcar das ondas. Chamá-lo de pudim e assim relacioná-lo com os grãos de arroz e tapioca seria um insulto. Enquanto isso, os copos de vinho tinham cor amarela e carmesim; tinham sido esvaziados; tinham sido enchidos. E assim, aos poucos, foi iluminado, a meio caminho da espinha, que é a sede da alma, não aquela pequena e dura luz elétrica que chamamos de brilhantismo, como ela entra e sai em nossos lábios, mas o brilho mais profundo, sutil e subterrâneo que é a rica chama amarela da relação racional. Não há necessidade de apressar. Não há necessidade de cintilar. Não há necessidade de ser ninguém além de si mesmo. Todos nós vamos para o céu e Vandyck é da companhia - em outras palavras, como a vida parecia boa, como sua recompensa era doce, como trivial este rancor ou aquele ressentimento, como a amizade admirável e a sociedade da sua espécie, como, acendendo um bom cigarro, um afundado entre as almofadas no banco da janela.

Se por sorte houvesse um cinzeiro à mão, se não se tivesse atirado as cinzas pela janela por omissão, se as coisas tivessem sido um pouco diferentes do que eram, não se teria visto, presumivelmente, um gato sem rabo. A visão daquele acolchoamento abrupto e truncado de animais suavemente através do quadrilátero mudou, por um acaso da inteligência subconsciente, a luz emocional para mim. Era como se alguém tivesse deixado cair uma sombra. Talvez o excelente jarrete estivesse abrindo mão de seu porão. Certamente, enquanto observava o gato Manx parar no meio do gramado como se ele também questionasse o universo, algo parecia faltar, algo parecia diferente. Mas o que estava faltando, o que era diferente, perguntei-me, ouvindo a conversa? E para responder a essa pergunta, tive que pensar em mim mesmo fora da sala, de volta ao passado, antes mesmo da guerra, e colocar diante dos meus olhos o modelo de outro almoço realizado em salas não muito distantes destas; mas diferentes. Tudo era diferente. Enquanto isso, a conversa continuava entre os convidados, que eram muitos e jovens, alguns deste sexo, alguns daquilo; continuava flutuando, continuava de forma agradável, livre, divertida. E à medida que prosseguia, eu a colocava no fundo daquela outra conversa, e à medida que eu ia combinando os dois juntos, não tinha dúvidas de que um era o descendente, o legítimo herdeiro do outro. Nada foi mudado; nada foi diferente, a não ser que eu escutasse com todos os meus ouvidos não inteiramente o que estava sendo dito, mas o murmúrio ou a corrente por trás dele. Sim, era isso, a mudança estava lá. Antes da guerra em um almoço como este as pessoas teriam dito exatamente as mesmas coisas, mas teriam soado diferentes, porque naqueles dias eram acompanhadas por uma espécie de zumbido, não articulado, mas musical, emocionante, que mudava o valor das próprias palavras. Será que se poderia definir esse ruído de zumbido como palavras? Talvez com a ajuda dos poetas se pudesse... Um livro estava ao meu lado e, abrindo-o, eu me virei casualmente para Tennyson. E aqui eu descobri que Tennyson estava cantando:

> Caiu uma lágrima esplêndida
>
> Da flor-da-paixão no portão.
>
> Ela está chegando, minha pomba, minha querida;

Ela está chegando, minha vida, meu destino;

A rosa vermelha grita: "Ela está próxima, ela está próxima";

E a rosa branca chora, "Ela está atrasada";

A cotovia escuta, "Eu ouço, eu ouço";

E o lírio sussurra: 'Eu espero'.

Era isso que os homens murmuravam nas festas de almoço antes da guerra? E as mulheres?

Meu coração é como um pássaro cantor

Cujo ninho está em um poço d'água;

Meu coração é como uma macieira

Cujos ramos são dobrados com frutas de casca grossa,

Meu coração é como uma bomba de arco-íris

Que rema em um mar de halcyon;

Meu coração está mais feliz do que todos esses

Porque o meu amor chegou até mim.

Era isso que as mulheres murmuravam nas festas de almoço antes da guerra?

Havia algo tão ridículo em pensar que as pessoas cantarolavam tais coisas mesmo sob o ar nas festas de almoço, antes da guerra, que eu desatava a rir e tinha que explicar meu riso apontando para o gato Manx, que parecia um pouco absurdo, pobre besta, sem rabo, no meio do gramado. Será que ele realmente nasceu assim, ou será que ele perdeu a cauda em um acidente? O gato sem cauda, embora alguns supostamente existam na Ilha de Man, é mais raro do que se pensa. É um animal esquisito, mais pitoresco do que bonito. É estranho a diferença que uma cauda faz - você sabe o tipo de coisa que se diz quando uma festa de almoço acaba e as pessoas estão encontrando seus casacos e chapéus.

Este, graças à hospitalidade do anfitrião, tinha durado até tarde demais. O belo dia de outubro estava desbotando e as folhas caíam das árvores da avenida enquanto eu caminhava por ela. Porta após porta parecia fechar-se com delicada finalidade atrás de mim. Inúmeras chaves foram encaixadas em inúmeras fechaduras bem lubrificadas; a casa do tesouro estava ficando segura para outra noite. Depois da avenida, um deles sai por uma estrada - esqueço seu nome - que o leva, se você fizer a curva à direita, até Fernham. Mas havia tempo de sobra. O jantar não era antes das sete e meia. Quase se podia passar sem jantar depois de um almoço assim. É estranho como um pedaço de poesia funciona na mente e faz com que as pernas se movam no tempo para ele ao longo da estrada. Essas palavras----

Caiu uma lágrima esplêndida

Da flor-da-paixão no portão.

Ela está chegando, minha pomba, minha querida----

cantaram em meu sangue enquanto eu caminhava rapidamente em direção a Headingley. E então, desligando na outra medida, eu cantei, onde as águas são agitadas pela represa:

Meu coração é como um pássaro cantor

Cujo ninho está em um tiro d'água;

Meu coração é como uma macieira...

Que poetas, eu chorei em voz alta, como se faz ao anoitecer, que poetas eles eram!

Em uma espécie de ciúme, suponho que, para nossa própria idade, por mais bobas e absurdas que sejam estas comparações, continuei a me perguntar se, honestamente, se poderia nomear dois poetas vivos agora tão grandes como Tennyson e Christina Rossetti eram então. Obviamente é impossível, pensei eu, olhando para essas águas espumosas, compará-las. A própria razão pela qual essa poesia excita a um tal abandono, tal arrebatamento, é que ela celebra algum sentimento que se costumava ter (em festas de almoço antes da guerra, talvez), para que se responda facilmente, familiarmente, sem se preocupar em verificar o sentimento, ou compará-lo com qualquer sentimento que se tenha agora. Mas os poetas vivos expressam um sentimento que está realmente sendo feito e arrancado de nós no momento. Não se reconhece em primeiro lugar; muitas vezes, por alguma razão, teme-se; observa-se com avidez e compara-se ciumenta e desconfiadamente com o velho sentimento que se conhecia. Daí a dificuldade da poesia moderna; e é por causa desta dificuldade que não se pode lembrar mais do que duas linhas consecutivas de qualquer bom poeta moderno. Por esta razão - que a minha memória me falhou - o argumento foi marcado por falta de material. Mas por que, eu continuei, caminhando em direção a Headingley, paramos de cantarolar sob nosso fôlego nas festas de almoço? Por que Alfred deixou de cantar

Ela está chegando, minha pomba, minha querida.

Por que Christina deixou de responder

Meu coração está mais feliz do que todos estes

Porque o meu amor chegou até mim?

Devemos colocar a culpa na guerra? Quando as armas foram disparadas em agosto de 1914, os rostos de homens e mulheres mostraram tão claramente nos olhos um do outro que o romance foi morto? Certamente foi um choque (para as mulheres em particular com suas ilusões sobre educação, e assim por diante) ver os rostos de nossos governantes à luz do tiroteio. Tão feias que pareciam - alemãs, inglesas, francesas - tão estúpidas. Mas colocar a culpa onde se quer, em quem se quer, a ilusão que inspirou Tennyson e Christina Rossetti a cantar tão apaixonadamente sobre a vinda de seus amores é muito mais rara agora do que naquela época. Basta ler, olhar, ouvir, lembrar. Mas por que dizer "culpa"? Por que, se foi uma ilusão, não elogiar a catástrofe, seja ela qual for, que destruiu a ilusão e colocou a verdade em seu lugar? Para a verdade...esses pontos marcam o lugar onde, em busca da verdade, eu perdi a volta a Fernham. Sim, de fato, o que era verdade e o que era ilusão? eu me perguntei. Qual era a verdade sobre estas casas, por exemplo, obscuras e festivas agora com suas janelas vermelhas ao anoitecer, mas cruas e vermelhas e esquálidas, com seus doces e seus atacadores, às nove horas da manhã? E os salgueiros e o rio e os jardins que correm para o rio, vagos agora com a névoa roubando sobre eles, mas dourados e vermelhos à luz do sol - qual era a verdade, qual era a ilusão sobre eles? Poupo-lhes as voltas e reviravoltas de minhas cogitações, pois nenhuma conclusão foi encontrada no caminho para Headingley, e peço-lhes que suponham que logo descobri meu erro sobre a reviravolta e refiz meus passos para Fernham.

Como já disse que era um dia de outubro, não ouso perder seu respeito e pôr em perigo o nome justo da ficção, mudando a estação do ano e descrevendo lilases pendurados nos muros do jardim, jacintos, tulipas e outras flores da primavera. A ficção deve se ater aos fatos, e quanto mais verdadeiros os fatos, melhor a ficção - assim nos é dito. Portanto, ainda era outono e as folhas ainda estavam amarelas e caindo, quando muito, um pouco mais rápido do que antes, porque agora era noite (sete vinte e três para ser exata) e uma brisa (do sudoeste para ser exata) havia subido. Mas, por tudo isso, havia algo estranho no trabalho:

> Meu coração é como um pássaro cantor
>
> Cujo ninho está em um tiro d'água;
>
> Meu coração é como uma macieira
>
> Cujos ramos são dobrados com frutas espessas...

Talvez as palavras de Christina Rossetti fossem parcialmente responsáveis pela loucura da fantasia - não era nada além de uma fantasia - que o lilás abanava suas flores sobre os muros do jardim, e as borboletas de arenito estavam se espalhando aqui e ali, e o pó do pólen estava no ar. Um vento soprou, de que quarto eu não sei, mas levantou as folhas semi-crescidas de modo que havia um clarão de cinza prateado no ar. Era o tempo entre as luzes quando as cores sofrem sua intensificação e roxos e dourados queimam em vidros de janelas como o bater de um coração excitável; quando, por alguma razão, a beleza do mundo se revelou e, no entanto, logo pereceram (aqui eu empurrei para o jardim, pois, insensatamente, a porta foi deixada aberta e nenhum saca-rolhas parecia estar por perto), a beleza do mundo que tão cedo perecerá, tem duas pontas, uma de riso, outra de angústia, cortando o coração. Os jardins de Fernham estavam diante de mim no crepúsculo da primavera, selvagens e abertos, e na grama longa, salpicada e descuidadamente atirada, eram narcisos e campainhas azuis, não ordenados talvez no melhor dos tempos, e agora soprados pelo vento e acenando enquanto puxavam suas raízes. As janelas do edifício, curvadas como janelas de navios entre ondas generosas de tijolo vermelho, mudaram de limão para prata sob o vôo das nuvens rápidas da primavera. Alguém estava em uma rede, alguém, mas nesta luz eram apenas fantasmas, meio adivinhados, meio vistos, correndo através da grama - ninguém iria pará-la... e então no terraço, como se estivesse saltando para respirar o ar, para olhar para o jardim, veio uma figura curvada, formidável mas humilde, com sua grande testa e sua vestimenta mal vestida - poderia ser a famosa estudiosa, poderia ser ela mesma J---- H----? Tudo era escuro, mas intenso também, como se o lenço que o crepúsculo tinha jogado sobre o jardim fosse rasgado por uma estrela ou uma espada - o corte de alguma terrível realidade saltando, como é seu caminho, para fora do coração da primavera. Para a juventude----

Aqui estava a minha sopa. O jantar estava sendo servido no grande salão de jantar. Longe de ser primavera, era na verdade uma noite de outubro. Todos estavam reunidos na grande sala de jantar. O jantar estava pronto. Aqui estava a sopa. Era uma sopa de molho simples. Não havia nada que agitasse a fantasia nisso. Podia-se ter visto através do líquido transparente qualquer padrão que pudesse haver no próprio prato. Mas não havia nenhum padrão. O prato era liso. Em seguida veio a carne de gado com suas verduras e batatas, uma trindade caseira, sugerindo os uropígios de gado em um mercado enlameado, e brotos enrolados e amarelados na borda, e barganha e barateamento e mulheres com sacos de malha na segunda-feira de manhã. Não havia motivo para reclamar da comida diária da natureza humana, visto que o suprimento era suficiente e os mineiros de carvão, sem dúvida, estavam sentados com menos. Seguiram-se ameixas e creme de leite. E se alguém reclama que as ameixas secas, mesmo quando mitigadas pelo creme, são um vegetal pouco caridoso (fruta que não são), filiforme como o coração de um avarento e exalando um fluido como o que poderia correr nas veias dos avarentos que negam a si mesmos o vinho e o calor por oitenta anos e ainda assim não são dados aos pobres, ele deveria refletir que há pessoas cuja caridade abraça até mesmo a ameixa. Biscoitos e queijo vieram em seguida, e aqui o jarro de água foi passado liberalmente, pois é da natureza dos biscoitos estarem secos, e estes eram biscoitos até o núcleo. Isso era tudo. A refeição estava terminada. Todos rasparam suas cadeiras de volta; as portas de balanço baloiçavam violentamente de um lado para o outro; logo o salão foi esvaziado de todos os sinais de comida e preparado sem dúvida para o café da manhã da manhã seguinte. Nos corredores abaixo e nas escadas acima, os jovens da Inglaterra foram batendo e cantando. E era para um convidado, um estranho (pois eu não tinha mais aqui em Fernham do que em Trinity ou Somerville ou Girton ou Newnham ou Christchurch), para dizer, 'O jantar não foi bom', ou para dizer (nós estávamos agora, Mary Seton e eu, em sua sala de estar), 'Não poderíamos ter jantado aqui em cima a sós?' pois se eu tivesse dito alguma coisa do tipo que eu deveria estar bisbilhotando e procurando as economias secretas de uma casa que, para o estranho, veste tão bem uma frente de alegria e coragem. Não, não se poderia dizer nada do tipo. De fato, a conversa por um instante foi sinalizada. Sendo a estrutura humana o que ela é, coração, corpo e cérebro todos misturados, e não contidos em compartimentos separados, já que eles estarão sem dúvida em mais um milhão de anos, um bom jantar é de grande importância para uma boa conversa. Não se pode pensar bem, amar bem, dormir bem, se não se jantou bem. A lâmpada na espinha não acende na carne e nas ameixas secas. Estamos todos indo para o céu, e Vandyck está, nós esperamos, para nos encontrar na próxima esquina - esse é o estado de espírito duvidoso e qualificado que a carne bovina e as ameixas secas no final do dia de trabalho criam entre elas. Felizmente, meu amigo, que ensinou ciência, tinha um armário onde havia uma garrafa de agachamento e copos pequenos - (mas deveria ter havido sola e perdiz para começar) - para que pudéssemos preparar para o fogo e reparar alguns dos danos da vida do dia. Em cerca de um minuto estávamos entrando e saindo livremente entre todos aqueles objetos de curiosidade e interesse que se formam na mente na ausência de uma pessoa em particular, e que naturalmente devem ser discutidos ao nos reunirmos novamente - como alguém se casou, outro não; um pensa isto, outro aquilo; um melhorou de todo o conhecimento, o outro foi para o mal - com todas aquelas especulações sobre a natureza humana e o caráter do mundo surpreendente em que vivemos, no qual brotam naturalmente de tais começos. Enquanto estas coisas estavam sendo ditas, no entanto, eu me tornei vergonhosamente consciente de um cenário atual por sua própria vontade e levando tudo adiante até o fim. Poderíamos estar falando da Espanha ou de Portugal, do livro ou do cavalo de corrida, mas o verdadeiro interesse do que quer que fosse dito não era nada disso, mas uma cena de pedreiros em um telhado alto há cerca de cinco séculos. Reis e nobres trouxeram tesouros em enormes sacos e os derramaram sob a terra. Esta cena estava para sempre ganhando vida em minha mente e se colocando por outra de vacas magras e um mercado enlameado e verdes murchos e os corações de velhos - estes dois quadros, desarticulados e desconectados e sem sentido como eram, estavam para sempre se unindo e lutando um contra o outro e me tinham inteiramente à sua mercê. O melhor caminho, a menos que toda a conversa fosse distorcida, era expor o que estava em minha mente ao ar, quando, com boa sorte, desvanecer-se-ia e desmoronaria como a cabeça do rei morto quando abriram o caixão em Windsor. Brevemente, então, contei à Srta. Seton sobre os pedreiros que tinham estado todos aqueles anos no telhado da capela, e sobre os reis e rainhas e nobres com sacos de ouro e prata nos ombros, que eles empurraram para a terra; e então como vieram os grandes magnatas financeiros de nosso próprio tempo e depositaram cheques e títulos, suponho, onde os outros tinham depositado lingotes e pedaços de ouro bruto. Tudo isso está debaixo das faculdades lá embaixo, eu disse; mas esta faculdade, onde estamos agora sentados, o que está debaixo de seu tijolo vermelho galante e das gramíneas selvagens desgrenhadas do jardim? Que força está por detrás daquela porcelana simples de onde jantamos, e (aqui ela saltou da minha boca antes que eu pudesse pará-la) a carne, o creme e as ameixas secas?

Bem, disse Mary Seton, sobre o ano de 1860--Oh, mas você conhece a história, disse ela, aborrecida, suponho, pelo recital. E ela me disse: "Foram contratados salas". Os comitês se reuniram. Os envelopes foram endereçados. Foram redigidas circulares. Reuniões foram realizadas; cartas foram lidas; assim e assim prometeu tanto; pelo contrário, o Sr. ---- não vai dar um centavo. A REVISÃO DE SÁBADO tem sido muito rude. Como podemos levantar um fundo para pagar os escritórios? Devemos realizar um bazar? Não podemos encontrar uma garota bonita para sentar na primeira fila? Vamos ver o que John Stuart Mill disse sobre o assunto. Alguém pode persuadir o editor do ---- a imprimir uma carta? Podemos conseguir que a Senhora ---- a assine? A senhora ---- está fora da cidade. Foi assim que foi feito, presumivelmente, há sessenta anos atrás, e foi um esforço prodigioso, e uma grande quantidade de tempo foi gasta nisso. E foi somente depois de uma longa luta e com a maior dificuldade que eles conseguiram juntar trinta mil libras.

[* Dizem-nos que devemos pedir pelo menos 30.000 libras... Não é uma quantia grande, considerando que não deve haver mais que uma faculdade deste tipo para a Grã-Bretanha, Irlanda e as Colônias, e considerando como é fácil levantar somas imensas para as escolas masculinas. Mas considerando como poucas pessoas realmente desejam que as mulheres sejam educadas, é um bom negócio.'--LADY STEPHEN, EMILY DAVIES E GIRTON]. Portanto, obviamente não podemos ter vinho e perdizes e criados carregando pratos de lata em suas cabeças, disse ela. Não podemos ter sofás e salas separadas. As comodidades", disse ela, citando de um livro ou outro, "terão que esperar". Cada centavo que podia ser raspado foi reservado para a construção, e as comodidades tiveram que ser adiadas.--R. STRACHEY, A CAUSA].

Pensando em todas aquelas mulheres que trabalham ano após ano e achando difícil juntar duas mil libras, e por mais que elas pudessem fazer para conseguir trinta mil libras, nós explodimos em desprezo pela pobreza censurável de nosso sexo. O que nossas mães estavam fazendo então que não tinham nenhuma riqueza para nos deixar? Pondo o nariz em pó? Olhando para dentro das vitrines das lojas? Deslumbrando-se ao sol em Monte Carlo? Havia algumas fotografias na lareira. A mãe de Mary - se essa era a foto dela - pode ter sido um bocado perdida em seu tempo livre (ela teve treze filhos de um ministro da igreja), mas se assim foi, sua vida alegre e dissipada deixou muito poucos traços de seus prazeres em seu rosto. Ela era um corpo caseiro; uma senhora idosa em um xale xadrez trançado que era preso por um grande camafeu; e ela se sentou em uma cadeira de cestaria, encorajando um spaniel a olhar para a câmera, com a expressão divertida, porém tensa, de quem tem a certeza de que o cão vai mover directamente pela lâmpada que é pressionada. Agora, se ela tivesse entrado no negócio; se ela tivesse se tornado fabricante de seda artificial ou magnata na Bolsa de Valores; se ela tivesse deixado duas ou trezentas mil libras para Fernham, poderíamos ter ficado sentados à vontade para dormir e o assunto de nossa conversa poderia ter sido arqueologia, botânica, antropologia, física, a natureza do átomo, matemática, astronomia, relatividade, geografia. Se ao menos a Sra. Seton e sua mãe e sua mãe antes dela tivessem aprendido a grande arte de ganhar dinheiro e tivessem deixado seu dinheiro, como seus pais e seus avós antes deles, para fundar bolsas e palestras e prêmios e bolsas de estudo apropriadas ao uso de seu próprio sexo, poderíamos ter jantado muito toleravelmente aqui em cima sós com um pássaro e uma garrafa de vinho; poderíamos ter ansiado sem confiança indevida por uma vida agradável e honrada passada no abrigo de uma das profissões liberalmente dotadas. Poderíamos ter explorado ou escrito; luar sobre os lugares veneráveis da terra; sentar-nos contemplativos nos degraus do Partenon, ou ir às dez para um escritório e voltar para casa confortavelmente às quatro e meia para escrever um pouco de poesia. Só que, se a Sra. Seton e seus semelhantes tivessem iniciado seus negócios aos quinze anos de idade, teria havido - esse era o problema na argumentação - Mary. O que, eu perguntei, Mary pensou sobre isso? Lá entre as cortinas estava a noite de outubro, calma e adorável, com uma ou duas estrelas presas nas árvores amareladas. Ela estava pronta para renunciar à sua parte e às suas lembranças (pois tinham sido uma família feliz, embora grande) de jogos e disputas na Escócia, que ela nunca se cansa de elogiar pela finura de seu ar e pela qualidade de seus bolos, para que Fernham pudesse ter sido dotado de cerca de cinqüenta mil libras por um golpe da caneta? Pois, para dotar uma faculdade, seria necessária a supressão total das famílias. Fazer uma fortuna e ter treze filhos - nenhum ser humano poderia suportar isso. Considere os fatos, dissemos nós. Primeiro, faltam nove meses para o nascimento do bebê. Em seguida, o bebê nasce. Depois há três ou quatro meses passados para alimentar o bebê. Depois que o bebê é alimentado, certamente são passados cinco anos brincando com o bebê. Parece que não se pode deixar as crianças correrem pelas ruas. As pessoas que as viram correndo à solta na Rússia dizem que a visão não é agradável. As pessoas também dizem que a natureza humana toma sua forma nos anos entre um e cinco anos. Se a Sra. Seton, eu disse, estivesse ganhando dinheiro, que tipo de lembranças você teria tido de jogos e disputas? O que você teria sabido da Escócia, e seu ar fino e seus bolos e todo o resto? Mas é inútil fazer estas perguntas, porque você nunca teria existido. Além disso, é igualmente inútil perguntar o que poderia ter acontecido se a Sra. Seton e sua mãe e sua mãe antes dela tivessem acumulado grande riqueza e a tivessem colocado sob as bases da faculdade e da biblioteca, porque, em primeiro lugar, ganhar dinheiro era impossível para elas, e, em segundo lugar, se fosse possível, a lei lhes negou o direito de possuir o dinheiro que ganharam. Foi somente nos últimos quarenta e oito anos que a Sra. Seton teve um centavo de seu próprio dinheiro. Durante todos os séculos anteriores teria sido propriedade de seu marido - um pensamento que, talvez, tenha tido sua parte em manter a Sra. Seton e suas mães fora da Bolsa de Valores. Cada centavo que eu ganhar, elas podem ter dito, será tirado de mim e disposto de acordo com a sabedoria de meu marido - talvez para fundar uma bolsa de estudos ou para conceder uma bolsa de estudos em Balliol ou Kings, de modo que ganhar dinheiro, mesmo que eu pudesse ganhar dinheiro, não é um assunto que me interesse muito. É melhor eu deixar isso para meu marido.

De qualquer forma, quer a culpa recaísse ou não sobre a velha senhora que estava olhando para o spaniel, não poderia haver dúvida de que, por alguma razão ou outra, nossas mães haviam administrado seus assuntos de forma muito ruim. Nem um centavo podia ser poupado por "amenidades"; por perdizes e vinho, missangas e relva, livros e charutos, bibliotecas e lazer. Levantar paredes nuas da terra nua era o máximo que elas podiam fazer.

Então falamos de pé na janela e olhando, como tantos milhares olham todas as noites, para as cúpulas e torres da famosa cidade abaixo de nós. Era muito bonito, muito misterioso ao luar de outono. A velha pedra parecia muito branca e venerável. Um pensamento de todos os livros que foram montados lá embaixo; dos quadros dos antigos prelados e dignitários pendurados nos quartos apainelados; das janelas pintadas que estariam jogando estranhos globos e luas crescentes no pavimento; das tabuletas e memoriais e inscrições; das fontes e da grama; dos quartos quietos olhando através dos quietos quadrantes. E (perdoe-me o pensamento) pensei também na admirável fumaça e bebida e nas poltronas profundas e nos tapetes agradáveis: da urbanidade, da genialidade, da dignidade que são a progênie do luxo e da privacidade e do espaço. Certamente nossas mães não nos forneceram nada comparável a tudo isso - nossas mães que acharam difícil juntar trinta mil libras, nossas mães que levaram treze filhos aos ministros da religião em St Andrews.

Então voltei para minha pensão, e enquanto caminhava pelas ruas escuras, ponderei sobre isto e aquilo, como se faz no final do dia de trabalho. Ponderei porque a Sra. Seton não tinha dinheiro para nos deixar; e que efeito a pobreza tem na mente; e que efeito a riqueza tem na mente; e pensei nos senhores de idade estranhos que eu tinha visto naquela manhã com tufos de peles nos ombros; e lembrei-me como se alguém assobiasse um deles corresse; e pensei no órgão que floresce na capela e nas portas fechadas da biblioteca; e pensei como é desagradável estar de fora trancada; e pensei como é pior talvez estar presa; e, pensando na segurança e prosperidade de um sexo e na pobreza e insegurança do outro e no efeito da tradição e da falta de tradição sobre a mente de um escritor, pensei finalmente que era hora de enrolar a pele amassada do dia, com seus argumentos e suas impressões e sua raiva e seu riso, e jogá-lo na mata. Mil estrelas brilhavam sobre os resíduos azuis do céu. Uma parecia estar sozinha com uma sociedade inescrutável. Todos os seres humanos estavam adormecidos - propensos, horizontais, mudos. Ninguém parecia agitar-se nas ruas de Oxbridge. Até a porta do hotel se abriu com o toque de uma mão invisível - não havia botas para me levar para a cama, já era tão tarde.

DOIS

A cena, se me permitem pedir que me siga, foi alterada. As folhas ainda estavam caindo, mas agora em Londres, não em Oxbridge; e devo pedir-lhes que imaginem uma sala, como muitas milhares, com uma janela olhando através dos chapéus e furgões das pessoas e das carruagens para outras janelas, e sobre a mesa dentro da sala uma folha de papel em branco na qual estava escrito em letras grandes MULHERES E FICÇÃO, mas não mais. A inevitável seqüência do almoço e jantar em Oxbridge parecia, infelizmente, uma visita ao Museu Britânico. É preciso esticar o que era pessoal e acidental em todas essas impressões e assim alcançar o fluido puro, o óleo essencial da verdade. Para aquela visita a Oxbridge e o almoço e o jantar tinham começado uma enxurrada de perguntas. Por que os homens bebiam vinho e as mulheres água? Por que um sexo era tão próspero e o outro tão pobre? Que efeito tem a pobreza sobre a ficção? Que condições são necessárias para a criação de obras de arte? - mil perguntas de uma só vez foram sugeridas. Mas era preciso ter respostas, não perguntas; e uma resposta só poderia ser dada consultando os cultos e os sem preconceitos, que se afastaram acima da luta da língua e da confusão do corpo e emitiram o resultado de seu raciocínio e pesquisa em livros que podem ser encontrados no Museu Britânico. Se a verdade não for encontrada nas prateleiras do Museu Britânico, onde, perguntei a mim mesmo, pegando um caderno e um lápis, será verdade?

Assim, com a confiança e a indagação, me propus a buscar a verdade. O dia, embora não estivesse realmente úmido, estava sombrio, e as ruas do bairro do Museu estavam cheias de buracos de carvão abertos, abaixo dos quais os sacos tomavam banho; táxis de quatro rodas estavam desenhando e depositando no pavimento caixas cordadas contendo, presumivelmente, todo o guarda-roupa de alguma família suíça ou italiana em busca de fortuna ou refúgio ou algum outro bem desejável que se encontra nos alojamentos de Bloomsbury no inverno. Os homens de voz rouca de sempre desfilaram pelas ruas com plantas em galhos. Alguns gritavam; outros cantavam. Londres era como uma oficina. Londres era como uma máquina. Todos nós estávamos sendo baleados para frente e para trás sobre esta base plana para fazer algum padrão. O Museu Britânico era outro departamento da fábrica. As portas oscilantes se abriam; e ali estava uma sob a vasta cúpula, como se fosse um pensamento na enorme testa careca que é tão esplendidamente cercada por uma faixa de nomes famosos. Um foi até o balcão; outro tomou um pedaço de papel; outro abriu um volume do catálogo, e os cinco pontos aqui indicam cinco minutos separados de estupefação, maravilha e perplexidade. Você tem alguma noção de quantos livros são escritos sobre mulheres no decorrer de um ano? Você tem alguma noção de quantos livros são escritos por homens? Você sabe que é, talvez, o animal mais discutido do universo? Aqui se eu tivesse vindo com um caderno e um lápis propondo passar uma manhã lendo, supondo que ao final da manhã eu deveria ter transferido a verdade para meu caderno de anotações. Mas eu deveria precisar ser uma manada de elefantes, pensei, e um deserto de aranhas, referindo-me desesperadamente aos animais que têm a fama de serem os mais longevos e mais multiplamente olhados, para lidar com tudo isso. Eu deveria precisar de garras de aço e bico de latão até mesmo para penetrar na casca. Como encontrar os grãos de verdade embutidos em toda esta massa de papel? Eu me perguntei, e em desespero comecei a correr meu olho para cima e para baixo na longa lista de títulos. Até mesmo os nomes dos livros me deram motivo de reflexão. O sexo e sua natureza podem muito bem atrair médicos e biólogos; mas o que foi surpreendente e difícil de explicar foi o fato de que o sexo - mulher, ou seja - também atrai ensaístas agradáveis, romancistas de dedos leves, jovens homens que fizeram o mestrado; homens que não fizeram nenhum curso; homens que não têm qualificação aparente, exceto que não são mulheres. Alguns desses livros eram, à primeira vista, frívolos e presunçosos; mas muitos, por outro lado, eram sérios e proféticos, morais e religiosos. Meramente para ler os títulos sugeridos, inúmeros mestres de escola, inúmeros clérigos montando suas plataformas e púlpitos e segurando com loquacidade que ultrapassavam em muito a hora geralmente aludida a tal discurso sobre este único assunto. Foi um fenômeno muito estranho; e aparentemente - em nenhum lugar eu consultei a letra H - um confinado ao sexo masculino. As mulheres não escrevem livros sobre homens - um fato que não pude deixar de acolher com alívio, pois se eu tivesse primeiro que ler tudo o que os homens escreveram sobre mulheres, então tudo o que as mulheres escreveram sobre homens, o aloe que floresce uma vez em cem anos floresceria duas vezes antes que eu pudesse colocar a caneta no papel. Assim, fazendo uma escolha perfeitamente arbitrária de uma dúzia de volumes ou mais, enviei minhas folhas de papel para deitar na bandeja de arame, e esperei em minha banca, entre os outros buscadores do óleo essencial da verdade.

Qual poderia ser a razão, então, desta curiosa disparidade, eu me perguntava, desenhando rodas nas folhas de papel fornecidas pelo contribuinte britânico para outros fins. Por que as mulheres, a julgar por este catálogo, são muito mais interessantes para os homens do que os homens são para as mulheres? Um fato muito curioso parecia, e minha mente vagava para imaginar a vida dos homens que passam seu tempo escrevendo livros sobre mulheres; fossem eles velhos ou jovens, casados ou solteiros, de nariz vermelho ou corcundas - de qualquer forma, era lisonjeiro, vagamente, sentir-se objeto de tal atenção, desde que não fosse inteiramente dado pelos aleijados e enfermos - então eu ponderei até que todos esses pensamentos frívolos terminassem por uma avalanche de livros deslizando para a mesa à minha frente. Agora o problema começou. O estudante que foi treinado em pesquisa em Oxbridge tem, sem dúvida, algum método de pastorear sua pergunta, passando por todas as distrações, até que ela esbarra em sua resposta enquanto uma ovelha corre para seu curral. O estudante ao meu lado, por exemplo, que estava copiando assiduamente de um manual científico, estava, tenho certeza, extraindo pepitas puras do minério essencial a cada dez minutos ou mais. Seus pequenos grunhidos de satisfação indicavam tanto. Mas se, infelizmente, não se teve nenhum treinamento em uma universidade, a questão longe de ser pastoreado em seu curral voa como um bando assustado aqui e acolá, de cães de caça, perseguidos por uma matilha inteira. Professores, mestres de escola, sociólogos, clérigos, romancistas, ensaístas, jornalistas, homens que não tinham qualificação a não ser que não fossem mulheres, perseguiram minha simples e única pergunta - Por que algumas mulheres são pobres? até que se tornaram cinqüenta perguntas; até que as cinqüenta perguntas saltaram freneticamente para o meio do caminho e foram levadas embora. Cada página do meu caderno foi rabiscada com notas. Para mostrar o estado de espírito em que eu estava, vou ler algumas delas, explicando que a página estava encabeçada muito simplesmente, MULHERES E POBREZA, em letras maiúsculas; mas o que se seguiu foi algo parecido com isto:

Condição na Idade Média de,

Hábitos nas Ilhas Fiji de,

Adoradas como deusas por,

Mais fraco no sentido moral do que,

Idealismo de,

Maior conscientização de,

Ilhéus do Mar do Sul, idade da puberdade entre eles,

Atratividade de,

Oferecida como sacrifício a,

Pequeno tamanho do cérebro de,

Subconsciência mais profunda de,

Menos pelos no corpo de,

Inferioridade mental, moral e física de,

Amor de filhos de,

Maior duração de vida de,

Músculos mais fracos de,

Força dos afetos de,

Vaidade de,

Ensino superior de,

A opinião de Shakespeare sobre,

A opinião de Lord Birkenhead,

A opinião de Dean Inge sobre,

A opinião de La Bruyere sobre,

A opinião do Dr. Johnson sobre,

A opinião do Sr. Oscar Browning sobre,...

Aqui eu inspirei e acrescentei, de fato, na margem, Por que Samuel Butler diz: "Os sábios nunca dizem o que pensam das mulheres"? Os sábios nunca dizem mais nada, aparentemente. Mas, continuei, encostada em minha cadeira e olhando para a vasta cúpula na qual eu era uma única, mas agora um pouco assediada, o que é tão infeliz é que os homens sábios nunca pensam o mesmo sobre as mulheres. Aqui está o Papa:

> A maioria das mulheres não tem caráter algum.

E aqui está La Bruyère:

> As mulheres são extremas, são melhores ou piores
> que os homens...

uma contradição direta por observadores atentos que eram contemporâneos. São capazes de educação ou incapazes? Napoleão pensava que eram incapazes. O Dr. Johnson pensava o contrário. *"Os homens sabem que as mulheres são uma competição a mais para eles, e por isso escolhem os mais fracos ou os mais ignorantes. Se não pensassem assim, nunca poderiam ter medo de que as mulheres soubessem tanto quanto elas mesmas"... "Em justiça ao sexo, acho que é franco reconhecer que, em uma conversa posterior, ele me disse que era sério no que dizia".] Elas têm almas ou não têm almas? Alguns selvagens dizem que não têm alma. Outros, ao contrário, sustentam que as mulheres são meio divinas e as adoram por esse motivo. Os antigos alemães acreditavam que havia algo sagrado nas mulheres e, por isso, as consultavam como oráculos.'--FRAZER, GOLDEN BOUGH]. Alguns sábios sustentam que elas são mais rasas no cérebro; outros que são mais profundas na consciência. Goethe as honrou; Mussolini as despreza. Onde quer que se olhasse os homens pensavam sobre as mulheres e pensavam de maneira diferente. Era impossível fazer cabeça ou coroa de tudo isso, eu decidi, olhando com inveja para o leitor ao lado que estava fazendo os resumos mais limpos, encabeçado freqüentemente com um A ou um B ou um C, enquanto meu próprio caderno de anotações se revoltava com o mais selvagem rabisco de rabiscos contraditórios. Era angustiante, era desconcertante, era humilhante. A verdade tinha passado por meus dedos. Cada gota tinha escapado.

Eu não poderia ir para casa, refleti, e acrescentei como uma contribuição séria ao estudo das mulheres e da ficção que as mulheres têm menos pelos em seus corpos que os homens, ou que a idade da puberdade entre os ilhéus do Mar do Sul é de nove - ou será que é de noventa? -- até mesmo a caligrafia tinha se tornado em sua distração indecifrável. Foi uma vergonha não ter nada mais pesado ou respeitável para mostrar depois de uma manhã inteira de trabalho. E se eu não conseguia entender a verdade sobre M. (como por brevidade eu tinha vindo a chamá-la) no passado, por que me preocupar com M. no futuro? Parecia pura perda de tempo consultar todos aqueles cavalheiros especializados em mulher e seu efeito sobre o que quer que seja - política, filhos, salários, moral -, numerosos e instruídos como eles são. Mais vale deixar seus livros por abrir.

Mas enquanto eu pensava que, inconscientemente, em minha indiferença, em meu desespero, estava desenhando um quadro onde eu deveria, como meu vizinho, ter escrito uma conclusão. Eu vinha desenhando um rosto, uma figura. Era o rosto e a figura do Professor von X empenhado em escrever sua monumental obra intitulada A INFERIORIDADE MENTAL, MORAL E FÍSICA DO SEXO FEMININO. Ele não era na minha figura um homem atraente para as mulheres. Ele era de construção pesada; tinha uma grande papada; para equilibrar, tinha olhos muito pequenos; era muito vermelho no rosto. Sua expressão sugeria que ele estava trabalhando sob alguma emoção que o fazia bater sua caneta no papel como se estivesse matando algum inseto nocivo como ele escreveu, mas mesmo quando ele o tinha matado o que não o satisfazia; ele deve continuar matando-o; e mesmo assim, algum motivo de raiva e irritação permaneceu. Poderia ser sua esposa, perguntei eu, olhando para minha foto? Será que ela estava apaixonada por um oficial de cavalaria? O oficial de cavalaria era magro e elegante e estava vestido de astrakhan? Teria ele sido ridicularizado, adotando a teoria freudiana, em seu berço por uma garota bonita? Pois mesmo em seu berço o professor, pensava eu, não poderia ter sido uma criança atraente. Seja qual for a razão, o professor foi feito para parecer muito zangado e muito feio em meu esboço, enquanto escrevia seu grande livro sobre a inferioridade mental, moral e física das mulheres. Fazer desenhos era uma forma ociosa de terminar o trabalho de uma manhã não lucrativa. No entanto, é em nossa ociosidade, em nossos sonhos, que às vezes a verdade submersa chega ao topo. Um exercício muito elementar em psicologia, para não ser dignificado pelo nome de psicanálise, me mostrou, ao olhar meu caderno, que o esboço do professor furioso havia sido feito com raiva. A raiva havia arrancado meu lápis enquanto eu sonhava. Mas o que a raiva estava fazendo ali? Interesse, confusão, diversão, tédio - todas essas emoções que eu pude rastrear e nomear ao longo da manhã. Teria a raiva, a cobra negra, estado à espreita entre eles? Sim, disse o esboço, a raiva tinha. Ele me remetia inequivocamente ao único livro, à única frase, que havia despertado o demônio; era a declaração do professor sobre a inferioridade mental, moral e física das mulheres. Meu coração havia saltado. Minhas bochechas haviam ardido. Tinha ruborizado de raiva. Não havia nada de especialmente notável, por mais tolo que fosse, nisso. Não se gosta de ser dito que se é naturalmente inferior a um homenzinho - olhei para o aluno ao meu lado - que respira com força, usa uma gravata pronta, e não barbeou esta quinzena. A pessoa tem certas vaidades tolas. É apenas a natureza humana, refleti, e comecei a desenhar rodas de carroça e círculos sobre o rosto do professor zangado até parecer um arbusto ardente ou um cometa flamejante - de qualquer maneira, uma aparição sem aspecto ou significado humano. O professor agora não passava de um maricas queimando no topo do Hampstead Heath. Logo minha própria raiva foi explicada e acabada; mas a curiosidade permaneceu. Como explicar a raiva dos professores? Por que eles estavam com raiva? Porque quando se tratava de analisar a impressão deixada por estes livros, havia sempre um elemento de calor. Este calor tomou muitas formas; ele se mostrou em sátira, em sentimento, em curiosidade, em reprovação. Mas havia outro elemento que muitas vezes estava presente e que não podia ser identificado imediatamente. A raiva, eu a chamava de raiva. Mas era a raiva que tinha ido para o subsolo e se misturado com todos os tipos de outras emoções. Para julgar por seus efeitos estranhos, era a raiva disfarçada e complexa, não a raiva simples e aberta.

Seja qual for a razão, todos esses livros, pensei, levantando a pilha sobre a mesa, são inúteis para os meus propósitos. Eles não valiam nada cientificamente, ou seja, embora humanamente fossem cheios de instrução, interesse, tédio e fatos muito estranhos sobre os hábitos dos habitantes das Ilhas Fiji. Eles tinham sido escritos à luz vermelha da emoção e não à luz branca da verdade. Portanto, eles devem ser devolvidos à mesa central e restaurados cada um em sua própria cela no enorme favo de mel. Tudo o que eu havia recuperado do trabalho daquela manhã havia sido o único fato de raiva. Os professores - eu os reuni assim - estavam furiosos. Mas por que, me perguntei, tendo devolvido os livros, por que, repito, em pé debaixo da colunata entre os pombos e as canoas pré-históricas, por que eles estão com raiva? E, fazendo esta pergunta a mim mesma, eu me afastei para encontrar um lugar para o almoço. Qual é a verdadeira natureza do que eu chamo para o momento a raiva deles? perguntei eu. Aqui estava diante de um quebra-cabeça que duraria todo o tempo que leva para ser servido com comida em um pequeno restaurante em algum lugar perto do Museu Britânico. Algum comedor anterior havia deixado a edição do almoço do jornal da noite em uma cadeira, e, esperando para ser servida, eu comecei a ler as manchetes ociosamente. Uma fita de letras muito grandes atravessava a página. Alguém tinha feito uma grande trilha na África do Sul. Menores notas anunciaram que Sir Austen Chamberlain estava em Genebra. Um machado contendo cabelo humano tinha sido encontrado em uma adega. O Sr. Juiz ---- comentou nos tribunais de divórcio sobre a falta de vergonha das mulheres. Salpicados sobre o jornal, foram outras notícias. Uma atriz de cinema havia sido baixada de um pico na Califórnia e pendurada suspensa no meio do ar. O tempo ia estar enevoado. O visitante mais transitório deste planeta, pensei, que pegou este jornal não podia deixar de estar ciente, mesmo a partir deste testemunho disperso, que a Inglaterra está sob o domínio de um patriarcado. Ninguém em seus sentidos poderia deixar de detectar o domínio do professor. Seu era o poder, o dinheiro e a influência. Ele era o proprietário do jornal e seu editor e sub-editor. Ele era o Ministro das Relações Exteriores e o juiz. Ele era o jogador de críquete; ele era dono dos cavalos de corrida e dos iates. Ele era o diretor da empresa que paga duzentos por cento a seus acionistas. Ele deixou milhões para instituições de caridade e faculdades que eram governadas por ele mesmo. Ele suspendeu a atriz de cinema em pleno ar. Ele decidirá se o cabelo no machado é humano; é ele quem absolverá ou condenará o assassino, e o enforcará, ou o deixará ir em liberdade. Com exceção do nevoeiro, ele parecia controlar tudo. No entanto, ele estava com raiva. Eu sabia que ele estava com raiva por este sinal. Quando li o que ele escreveu sobre as mulheres, pensei, não no que ele estava dizendo, mas em si mesmo. Quando um arguer argumenta desapaixonadamente, ele pensa apenas no argumento; e o leitor não pode deixar de pensar no argumento também. Se ele tivesse escrito desapaixonadamente sobre as mulheres, tivesse usado provas incontestáveis para estabelecer seu argumento e não tivesse mostrado nenhum vestígio de desejar que o resultado fosse uma coisa ao invés de outra, também não teria ficado com raiva. Ter-se-ia aceito o fato, como se aceita o fato de que uma ervilha é verde ou um canário amarelo. Seja como for, eu deveria ter dito. Mas eu tinha ficado com raiva porque ele estava com raiva. No entanto, parecia absurdo, pensei, entregando o jornal da noite, que um homem com todo esse poder deveria estar com raiva. Ou será que a raiva, eu me perguntava, de alguma forma, o conhecido, o duende que o acompanha no poder? As pessoas ricas, por exemplo, ficam freqüentemente zangadas porque suspeitam que os pobres querem se apoderar de sua riqueza. Os professores, ou patriarcas, como poderia ser mais exato chamá-los, podem estar zangados por essa razão, em parte, mas em parte por um que fica um pouco menos óbvio na superfície. Possivelmente eles não estavam "irritados" de forma alguma; muitas vezes, de fato, eles eram admiradores, dedicados, exemplares nas relações da vida privada. Possivelmente quando o professor insistiu um pouco enfaticamente demais na inferioridade das mulheres, ele estava preocupado não com a inferioridade delas, mas com sua própria superioridade. Era isso que ele estava protegendo com um pouco de cabeça quente e com demasiada ênfase, porque era uma joia para ele do preço mais raro. A vida para ambos os sexos - e eu olhava para eles, ombro a ombro ao longo do pavimento - é árdua, difícil, uma luta perpétua. Isso exige coragem e força gigantescas. Acima de tudo, talvez, criaturas de ilusão como nós, exige confiança em si mesmo. Sem autoconfiança, somos como bebês no berço. E como podemos gerar esta imponderável qualidade, que ainda é tão inestimável, o mais rapidamente possível? Ao pensar que outras pessoas são inferiores a um eu. Ao sentir que se tem alguma superioridade inata - pode ser riqueza, ou posição, um nariz reto, ou o retrato de um avô da Romênia - pois não há fim para os dispositivos patéticos da imaginação humana - sobre outras pessoas. Daí a enorme importância para um patriarca que tem que conquistar, que tem que governar, de sentir que um grande número de pessoas, metade da raça humana de fato, são por natureza inferiores a si mesmo. De fato, deve ser uma das principais fontes de seu poder. Mas deixe-me passar a luz desta observação para a vida real, eu pensei. Será que isso ajuda a explicar alguns desses enigmas psicológicos que se observa na margem da vida cotidiana? Explica meu espanto do outro dia quando Z, o mais humano, o mais modesto dos homens, pegando um livro de Rebecca West e lendo uma passagem nele, exclamou, "A feminista arrancada! Ela diz que os homens são esnobes! A exclamação, para mim tão surpreendente - por que a Srta. West foi uma feminista arriscada por fazer uma declaração possivelmente verdadeira, se não fosse de cortesia, sobre o outro sexo... - não foi meramente um grito de vaidade ferida; foi um protesto contra alguma violação de seu poder de acreditar em si mesmo. As mulheres serviram durante todos estes séculos como óculos de aparência - possuindo o poder mágico e delicioso de refletir a figura do homem com o dobro de seu tamanho natural. Sem esse poder, provavelmente a terra ainda estaria pântano e selva. As glórias de todas as nossas guerras seriam desconhecidas. Ainda deveríamos estar coçando os contornos dos cervos nos restos de ossos de carneiro e trocando pedras por peles de carneiro ou qualquer outro ornamento simples que nos tirasse o gosto pouco sofisticado. Os super-homens e os Dedos do Destino nunca teriam existido. O Czar e o Kaiser nunca teriam usado coroas ou as teriam perdido. Seja qual for seu uso nas sociedades civilizadas, os espelhos são essenciais para toda ação violenta e heroica. É por isso que Napoleão e Mussolini insistem tão enfaticamente na inferioridade das mulheres, pois se elas não fossem inferiores, deixariam de se expandir. Isso serve para explicar em parte a necessidade que as mulheres tão freqüentemente têm para os homens. E serve para explicar como elas estão inquietas sob suas críticas;

como é impossível para ela dizer-lhes que este livro é ruim, que este quadro é débil, ou o que quer que seja, sem dar muito mais dor e despertar muito mais raiva do que um homem que fez a mesma crítica. Pois se ela começa a dizer a verdade, a figura no espelho encolhe; sua aptidão para a vida é diminuída. Como ele pode continuar a julgar, civilizando os nativos, fazendo leis, escrevendo livros, vestindo-se e falando em banquetes, a menos que ele possa se ver no café da manhã e no jantar pelo menos o dobro do tamanho que realmente é? Então eu refleti, esfarelando meu pão e mexendo meu café e de vez em quando olhando para as pessoas na rua. A visão de vidro é de suprema importância porque carrega a vitalidade; ela estimula o sistema nervoso. Tire-a e o homem pode morrer, como o demônio da droga privado de sua cocaína. Sob o feitiço dessa ilusão, eu pensei, olhando pela janela, metade das pessoas no pavimento estão a passos largos para trabalhar. Eles vestem seus chapéus e casacos pela manhã sob seus agradáveis raios. Eles iniciam o dia confiantes, seguros, acreditando serem desejados na festa do chá de Miss Smith; eles dizem para si mesmos enquanto entram na sala, eu sou o superior da metade das pessoas daqui, e é assim que eles falam com essa autoconfiança, essa autoconfiança, que teve consequências tão profundas na vida pública e levou a notas tão curiosas na margem da mente privada.

Mas estas contribuições para o perigoso e fascinante assunto da psicologia do outro sexo - é uma, espero, que você investigue quando tiver quinhentos por ano - foram interrompidas pela necessidade de pagar a conta. Chegou a cinco xelins e nove pence. Eu dei ao garçom uma nota de dez xelins e ele foi me trazer troco. Havia outra nota de dez xelins na minha bolsa; eu notei, porque é um fato que ainda me tira o fôlego o poder da minha bolsa para criar notas de dez xelins automaticamente. Eu a abro e lá estão elas. A sociedade me dá frango e café, cama e alojamento, em troca de um certo número de pedaços de papel que me foram deixados por uma tia, por nenhum outro motivo que não seja o de eu compartilhar seu nome.

Minha tia, Mary Beton, devo lhe dizer, morreu por uma queda de seu cavalo quando ela estava cavalgando para tomar ar em Bombaim. A notícia de meu legado me chegou uma noite mais ou menos na mesma época em que foi aprovado o ato que deu votos às mulheres. A carta de uma procuradora caiu na caixa postal e quando a abri descobri que ela tinha me deixado quinhentas libras por ano para sempre. Dos dois - o voto e o dinheiro - o dinheiro, que eu possuo, parecia infinitamente o mais importante. Antes disso, eu tinha ganho a vida fazendo biscates nos jornais, relatando um show de asneiras aqui ou um casamento ali; eu tinha ganho algumas libras ao entregar envelopes, lendo para senhoras idosas, fazendo flores artificiais, ensinando o alfabeto para crianças pequenas em um jardim de infância. Tais eram as principais ocupações que estavam abertas às mulheres antes de 1918. Não preciso, receio, descrever em nenhum detalhe a dureza do trabalho, pois você sabe talvez que foram mulheres que o fizeram; nem a dificuldade de viver com o dinheiro quando ele foi ganho, pois você pode ter tentado. Mas o que ainda permanece comigo como uma inflição pior do que qualquer uma das duas foi o veneno do medo e da amargura que aqueles dias criaram em mim. Para começar, estar sempre fazendo um trabalho que não se queria fazer, e fazê-lo como um escravo, lisonjeador e bajulador, nem sempre necessariamente, talvez, mas parecia necessário e a aposta era grande demais para correr riscos; e então o pensamento daquele único presente que era a morte para esconder - um pequeno, mas caro ao possuidor - perecendo e com ele meu eu, minha alma, -- tudo isso se tornou como uma ferrugem corroendo a flor da primavera, destruindo a árvore em seu coração. No entanto, como eu digo, minha tia morreu; e sempre que eu troco uma nota de dez xelins um pouco dessa ferrugem e corrosão é esfregada, o medo e a amargura desaparecem. Na verdade, eu pensei, colocando a prata na minha bolsa, é notável, lembrando a amargura daqueles dias, o que uma mudança de temperamento uma renda fixa trará. Nenhuma força no mundo pode tirar de mim as minhas quinhentas libras. Comida, casa e roupas são minhas para sempre. Portanto, não apenas o esforço e o trabalho cessam, mas também o ódio e a amargura. Eu não preciso odiar nenhum homem; ele não pode me machucar. Não preciso bajular nenhum homem; ele não tem nada a me dar. Assim, imperceptivelmente me vi adotando uma nova atitude em relação à outra metade da raça humana. Era um absurdo culpar qualquer classe ou qualquer sexo, como um todo. Grandes corpos de pessoas nunca são responsáveis pelo que fazem. Eles são movidos por instintos que não estão dentro de seu controle. Também eles, os patriarcas, os professores, tiveram infinitas dificuldades, terríveis inconvenientes a enfrentar. Sua educação tinha sido de certa forma tão deficiente quanto a minha. Tinham criado neles defeitos tão grandes. É verdade, eles tinham dinheiro e poder, mas apenas à custa de abrigar em seus seios uma águia, um abutre, arrancando para sempre o fígado e arrancando os pulmões - o instinto de posse, a raiva de aquisição que os leva a desejar os campos e bens de outras pessoas perpetuamente; fazer fronteiras e bandeiras; navios de guerra e gás venenoso; oferecer suas próprias vidas e a vida de seus filhos. Caminhe pelo Arco do Almirantado (eu tinha alcançado aquele monumento), ou qualquer outra avenida entregue a troféus e canhões, e reflita sobre o tipo de glória ali celebrada. Ou assistir ao sol da primavera com o corretor de bolsa e o grande advogado indo para dentro de portas para ganhar dinheiro e mais dinheiro e mais dinheiro quando é um fato que quinhentas libras por ano vão manter um vivo ao sol. Estes são instintos desagradáveis para abrigar, eu refleti. Eles são criados das condições de vida; da falta de civilização, pensei, olhando para a estátua do Duque de Cambridge, e em particular para as penas de seu chapéu de galo, com uma fixidez que quase nunca receberam antes. E, ao perceber estes inconvenientes, gradualmente o medo e a amargura se modificaram em piedade e tolerância; e então, em um ou dois anos, a piedade e a tolerância se foram, e a maior libertação de todas veio, que é a liberdade de pensar nas coisas em si mesmas. Aquele edifício, por exemplo, eu gosto ou não? Essa imagem é bonita ou não? Isso é, em minha opinião, um bom livro ou um mau livro? De fato, o legado de minha tia me revelou o céu e substituiu a figura grande e imponente de um cavalheiro, que Milton recomendou para minha adoração perpétua, uma visão do céu aberto.

Pensando assim, especulando tanto, encontrei meu caminho de volta à minha casa junto ao rio. As lâmpadas estavam sendo acesas e uma mudança indescritível havia chegado a Londres desde a hora da manhã. Era como se a grande máquina depois de trabalhar o dia inteiro tivesse feito com nossa ajuda alguns metros de algo muito emocionante e belo - um tecido ardente piscando com os olhos vermelhos, um monstro de um martelo bramindo com o fôlego quente. Até mesmo o vento parecia lançado como uma bandeira ao chicotear as casas e agitar os ânimos.

Na minha pequena rua, porém, prevaleceu a domesticidade. O pintor da casa estava descendo sua escada; a empregada do berçário estava rodando o andador cuidadosamente para dentro e para fora até o jardim de infância; o tecelão de carvão estava dobrando seus sacos vazios um em cima do outro; a mulher que mantém a mercearia verde estava somando as entradas do dia com suas mãos em luvas vermelhas. Mas eu estava tão absorvida com o problema que vocês colocaram sobre meus ombros que eu não conseguia ver nem mesmo estas vistas habituais sem encaminhá-las para um centro. Pensei como é muito mais difícil agora do que deve ter sido há um século atrás dizer qual destes emplastros é o mais alto, o mais necessário. É melhor ser um produtor de carvão ou uma ama-seca; é a educadora que criou oito crianças de menos valor para o mundo do que, a advogada que fez cem mil libras? é inútil fazer tais perguntas; pois ninguém pode respondê-las. Não só os valores comparativos das educadoras e das advogadas sobem e descem de década em década, mas não temos varas com as quais medi-las, mesmo como elas são no momento. Eu tinha sido tola ao pedir a meu professor que me fornecesse "provas indiscutíveis" disto ou daquilo em sua argumentação sobre as mulheres. Mesmo que se possa afirmar o valor de qualquer presente no momento, esses valores mudarão; dentro de um século, muito possivelmente, eles terão mudado completamente. Além disso, em cem anos, pensei, chegando à minha própria porta, as mulheres terão deixado de ser o sexo protegido. Logicamente, elas participarão de todas as atividades e esforços que uma vez lhes foram negados. A ama-seca vai puxar o carvão. A empregada de loja conduzirá um trem. Todas as suposições baseadas nos fatos observados quando as mulheres eram o sexo protegido terão desaparecido - como, por exemplo (aqui um esquadrão de soldados marchou pela rua), que as mulheres e os clérigos e jardineiros vivem mais tempo do que as outras pessoas. Remover essa proteção, expô-los aos mesmos esforços e atividades, torná-los soldados e marinheiros e motoristas e trabalhadores portuários, e não morrerão mulheres muito mais jovens, muito mais rápido, do que homens que se dirá, "eu vi uma mulher hoje", como se costumava dizer, "eu vi um avião". Qualquer coisa pode acontecer quando a condição de mulher deixa de ser uma ocupação protegida, pensei eu, abrindo a porta. Mas o que tem tudo isso a ver com o assunto do meu trabalho, Mulheres e Ficção? perguntei, indo para dentro de casa.

TRÊS

Foi decepcionante não ter trazido de volta à noite alguma declaração importante, algum fato autêntico. As mulheres são mais pobres do que os homens porque... isto ou aquilo. Talvez agora fosse melhor desistir de buscar a verdade, e receber na cabeça uma avalanche de opiniões quentes como lava, descoloridas como água de prato. Seria melhor desenhar as cortinas; fechar as distrações; acender a lâmpada; estreitar o inquérito e pedir ao historiador, que não registra opiniões mas fatos, que descreva sob que condições as mulheres viveram, não através dos tempos, mas na Inglaterra, digamos, no tempo de Elizabeth.

Pois é um enigma perene porque nenhuma mulher escreveu uma palavra dessa extraordinária literatura quando cada outro homem, ao que parece, era capaz de cantar ou de fazer soneto. Quais eram as condições em que as mulheres viviam? Eu me perguntei: para a ficção, trabalho imaginativo que é, não é largado como uma pedra no chão, como a ciência pode ser; a ficção é como uma teia de aranha, apegada tão levemente talvez, mas ainda apegada à vida em todos os quatro cantos. Muitas vezes o apego é dificilmente perceptível; as peças de Shakespeare, por exemplo, parecem penduradas ali completas por si mesmas. Mas quando a teia é puxada de novo, engatada na borda, rasgada no meio, lembra-se que estas teias não são fiadas no meio do ar por criaturas incorpóreas, mas são o trabalho de seres humanos sofredores, e estão presas a coisas grosseiramente materiais, como saúde e dinheiro e as casas em que vivemos.

Fui, portanto, à prateleira onde estão as histórias e peguei uma das mais recentes, a HISTÓRIA DA INGLATERRA do Professor Trevelyan. Mais uma vez procurei Mulheres, encontrei a 'posição de' e virei para as páginas indicadas. A "surra", li, "era um direito reconhecido do homem, e era praticada sem vergonha tanto pelo alto como pelo baixo... Da mesma forma", continua o historiador, "a filha que se recusou a casar com o cavalheiro da escolha de seus pais era susceptível de ser trancada, espancada e atirada sobre o quarto, sem que nenhum choque fosse infligido à opinião pública. O casamento não era um caso de afeto pessoal, mas de avareza familiar, particularmente na classe alta "cavalheiresca"...Betrothal acontecia freqüentemente enquanto uma ou ambas as partes estavam no berço, e o casamento quando elas quase não estavam fora dos encargos das enfermeiras". Isso foi por volta de 1470, logo após a época de Chaucer. A próxima referência à posição das mulheres é cerca de duzentos anos depois, na época dos Stuarts. "Ainda era a exceção para as mulheres da classe alta e média escolherem seus próprios maridos, e quando o marido tinha sido designado, ele era senhor e mestre, até agora pelo menos como a lei e o costume podiam fazer dele. Mesmo assim', conclui o Professor Trevelyan, 'nem as mulheres de Shakespeare nem as de autênticas memórias do século XVII, como os Verneys e os Hutchinsons, parecem faltar em personalidade e caráter'. Certamente, se considerarmos, Cleópatra deve ter tido um caminho com ela; Lady Macbeth, pode-se supor, tinha uma vontade própria; Rosalind, pode-se concluir, era uma garota atraente. O professor Trevelyan não está falando mais do que a verdade quando observa que as mulheres de Shakespeare não parecem faltar em personalidade e caráter. Não sendo uma historiadora, pode-se ir ainda mais longe e dizer que as mulheres queimaram como faróis em todas as obras de todos os poetas desde o início do tempo -lytemnestra, Antigone, Cleópatra, Lady Macbeth, Phedre, Cressida, Rosalind, Desdemona, a Duquesa de Malfi, entre os dramaturgos; depois entre as prostitutas: Millamant, Clarissa, Becky Sharp, Anna Karenina, Emma Bovary, Madame de Guermantes - os nomes são muito comuns, nem se lembram de mulheres "carentes de personalidade e caráter". De fato, se a mulher não tivesse existência, exceto na ficção escrita pelos homens, imaginá-la-ia uma pessoa da maior importância; muito diversa; heroica e mesquinha; esplêndida e sórdida; infinitamente bela e hedionda no extremo; tão grande quanto um homem, alguns pensam ainda maior [1*]. Mas esta é a mulher na ficção. De fato, como aponta o professor Trevelyan, ela foi trancada, espancada e atirada sobre o quarto.

1* "Continua sendo um fato estranho e quase inexplicável que na cidade de Atena, onde as mulheres eram mantidas em quase supressão oriental como odaliscas ou drudges, o palco ainda deveria ter produzido figuras como Clytemnestra e Cassandra Atossa e Antigone, Phedre e Medea, e todas as outras heroínas que dominam peça após peça do "misógino" Eurípedes. Mas o paradoxo deste mundo onde na vida real uma mulher respeitável dificilmente poderia mostrar seu rosto sozinha na rua, e ainda assim no palco a mulher se iguala ou supera o homem, nunca foi satisfatoriamente explicado. Na tragédia moderna, a mesma predominância existe. Em todo caso, uma pesquisa muito superficial do trabalho de Shakespeare (da mesma forma com Webster, embora não com Marlowe ou Jonson) é suficiente para revelar como esta predominância, esta iniciativa das mulheres, persiste desde Rosalind até Lady Macbeth. Assim também em Racine; seis de suas tragédias levam os nomes de suas heroínas; e que personagens masculinos dele devemos colocar contra Hermione e Andromaque, Berenice e Roxane, Phedre e Athalie? Então, novamente com Ibsen; que homens devemos igualar com Solveig e Nora, Heda e Hilda Wangel e Rebecca West?'--F. L. LUCAS, TRAGEDY, pp. 114-15].

Surge assim um ser muito estranho, composto. Imaginativamente, ela é da maior importância; praticamente ela é completamente insignificante. Ela permeia a poesia de capa a capa; ela está praticamente ausente da história. Ela domina a vida dos reis e conquistadores na ficção; de fato, ela era escrava de qualquer menino cujos pais lhe forçaram um anel no dedo. Algumas das palavras mais inspiradas, alguns dos pensamentos mais profundos da literatura caem de seus lábios; na vida real ela mal sabia ler, mal sabia soletrar, e era propriedade de seu marido.

Foi certamente um monstro estranho que se inventou lendo primeiro os historiadores e depois os poetas - uma minhoca alada como uma águia; o espírito de vida e beleza em uma cozinha cortando sebo. Mas estes monstros, por mais divertidos que sejam para a imaginação, não têm existência de fato. O que se deve fazer para trazê-la à vida é pensar poética e prosaicamente no mesmo momento, mantendo assim contato com os fatos - que ela é a Sra. Martin, de trinta e seis anos, vestida de azul, usando um chapéu preto e sapatos marrons; mas também não perdendo de vista a ficção - que ela é um recipiente no qual todos os tipos de espíritos e forças se movimentam e piscam perpetuamente. No momento, porém, em que se tenta este método com a mulher elizabetana, um ramo da iluminação fracassa; um deles é sustentado pela escassez de fatos. Não se sabe nada detalhado, nada perfeitamente verdadeiro e substancial sobre ela. A história quase não a menciona. E recorri novamente ao professor Trevelyan para ver o que a história significava para ele. Descobri, olhando os títulos de seus capítulos, que isso significava...

A Corte do Manor e os Métodos da Agricultura a Céu Aberto...Os Cistercienses e a Ovinicultura...As Cruzadas...A Universidade...A Casa dos Comuns...A Guerra dos Cem Anos...As Guerras das Rosas...Os Estudiosos da Renascença...A Dissolução dos Mosteiros...A Confraria Agrária e Religiosa...A Origem do Poder do Mar Inglês...A Armada...' e assim por diante. Ocasionalmente é mencionada uma mulher individual, uma Elizabeth, ou uma Mary; uma rainha ou uma grande dama. Mas não é possível que mulheres de classe média com nada além de cérebro e caráter ao seu comando tenham participado de qualquer um dos grandes movimentos que, reunidos, constituem a visão do historiador sobre o passado. Nem a encontraremos na coleção de anedotas. Aubrey quase não a menciona. Ela nunca escreve sua própria vida e dificilmente mantém um diário; há apenas um punhado de suas cartas em existência. Ela não deixou peças de teatro ou poemas pelos quais possamos julgá-la. O que se quer, eu pensei - e por que uma aluna brilhante de Newnham ou Girton não a fornece? - é uma massa de informações; com que idade ela se casou; com quantos filhos ela tinha como regra; como era sua casa, se ela tinha um quarto só para ela; ela cozinhava; seria provável que ela tivesse uma criada? Todos estes fatos estão em algum lugar, presumivelmente, em registros paroquiais e livros de contabilidade; a vida da mulher Elizabetana média deve estar espalhada por algum lugar, pode-se coletá-la e fazer um livro dela. Seria ambicioso além de minha ousadia, pensei, procurando nas prateleiras livros que não estavam lá, sugerir aos estudantes dessas famosas faculdades que reescrevessem a história, embora eu seja dona de que muitas vezes parece um pouco estranho como ela é, irreal, do lado de fora; mas por que não deveriam acrescentar um suplemento à história, chamando-a, é claro, por algum nome inconspícuo para que as mulheres pudessem figurar lá sem impropriedade? Pois muitas vezes se vislumbra um vislumbre delas na vida dos grandes, assobiando para o fundo, escondendo, às vezes penso, um piscar de olhos, uma gargalhada, talvez uma lágrima. E, afinal, temos vidas suficientes de Jane Austen; dificilmente parece necessário considerar novamente a influência das tragédias de Joanna Baillie sobre a poesia de Edgar Allan Poe; quanto a mim, não me importaria se as casas e as assombrações de Mary Russell Mitford estivessem fechadas ao público por pelo menos um século. Mas o que acho deplorável, continuei, olhando novamente para as estantes, é que nada se sabe sobre as mulheres antes do século XVIII. Não tenho nenhum modelo em minha mente para me virar sobre este e aquele caminho. Aqui estou perguntando por que as mulheres não escreviam poesia na era elizabetana, e não tenho certeza de como eram educadas; se eram ensinadas a escrever; se tinham salas de estar só para elas; quantas mulheres tinham filhos antes dos 21 anos; o que, em suma, faziam das oito da manhã às oito da noite. Elas não tinham dinheiro evidentemente; segundo o professor Trevelyan, elas eram casadas quer gostassem ou não antes de saírem do berçário, aos quinze ou dezesseis anos muito provavelmente. Teria sido extremamente estranho, mesmo nesta exposição, se uma delas tivesse de repente escrito as peças de Shakespeare, concluí, e pensei naquele senhor idoso, que agora está morto, mas que era bispo, creio eu, que declarou que era impossível para qualquer mulher, passada, presente ou futura, ter a genialidade de Shakespeare. Ele escreveu para os jornais sobre isso. Ele também disse a uma senhora que lhe pediu informações que os gatos não vão de fato para o céu, embora eles tenham, acrescentou ele, almas de uma espécie. Como aqueles velhos senhores pensavam em salvar uma! Como as fronteiras da ignorância encolheram em sua aproximação! Os gatos não vão para o céu. As mulheres não podem escrever as peças de Shakespeare.

Seja como for, não pude deixar de pensar, ao olhar as obras de Shakespeare na prateleira, que o bispo estava certo pelo menos nisso; teria sido impossível, completa e inteiramente, que qualquer mulher tivesse escrito as peças de Shakespeare na era de Shakespeare. Deixe-me imaginar, já que os fatos são tão difíceis de encontrar, o que teria acontecido se Shakespeare tivesse uma irmã maravilhosamente dotada, chamada Judith, digamos. O próprio Shakespeare foi, muito provavelmente, - sua mãe era uma herdeira - à escola de gramática, onde ele pode ter aprendido latim - Ovídio, Virgílio e Horácio - e os elementos de gramática e lógica. Ele era, é bem sabido, um menino selvagem que caçava coelhos, talvez matou um veado, e teve, mais cedo do que deveria, de se casar com uma mulher do bairro, que lhe deu um filho mais rápido do que estava certo. Essa escapada o enviou para buscar sua fortuna em Londres. Ele tinha, parecia, um gosto pelo teatro; ele começou segurando cavalos na porta do palco. Muito cedo ele conseguiu trabalho no teatro, tornou-se um ator de sucesso, e viveu no centro do universo, conhecendo todos, encontrando todos, praticando sua arte nas pranchas, exercitando sua perspicácia nas ruas, e até mesmo tendo acesso ao palácio da rainha. Enquanto isso, sua irmã extraordinariamente dotada, suponhamos, permaneceu em casa. Ela era tão aventureira, tão imaginativa, tão ansiosa para ver o mundo como ele era. Mas ela não foi enviada para a escola. Ela não tinha nenhuma chance de aprender gramática e lógica, muito menos de ler Horácio e Virgílio. Ela pegou um livro de vez em quando, talvez um de seu irmão, e leu algumas páginas.

Mas então seus pais entraram e lhe disseram para consertar as meias ou para cuidar do guisado e não da lua com livros e papéis. Eles teriam falado de forma afiada mas gentil, pois eram pessoas substanciais que conheciam as condições de vida de uma mulher e amavam sua filha - na verdade, mais provavelmente ela era a menina dos olhos de seu pai. Talvez ela tenha rabiscado algumas páginas em um pombal de maçã às escondidas, mas teve o cuidado de escondê-las ou atear fogo nelas. Logo, porém, antes de sair da adolescência, ela deveria ser desposada com o filho de um lenhador de lã vizinho. Ela gritou que o casamento era odioso para ela, e por isso ela foi severamente espancada por seu pai. Então ele deixou de repreendê-la. Ele implorou que ela não o magoasse, que não o envergonhasse nesta questão de seu casamento. Ele lhe dava uma corrente de contas ou um belo anágua, disse ele; e havia lágrimas em seus olhos. Como ela poderia desobedecer a ele? Como ela poderia quebrar o coração dele? Só a força de seu próprio dom a levou até ele. Ela preparou uma pequena bagagem com seus pertences, se deixou cair por uma corda numa noite de verão e pegou a estrada para Londres. Ela não tinha 17 anos. Os pássaros que cantavam na cerca não eram mais musicais do que ela era. Ela tinha a fantasia mais rápida, um dom como o de seu irmão, para a melodia das palavras. Como ele, ela tinha um gosto pelo teatro. Ela estava na porta do palco; ela queria representar, disse ela. Os homens riam na cara dela. O gerente - um homem gordo e desleixado - deu gargalhadas. Ele gritou algo sobre poodles dançando e mulheres atuando - nenhuma mulher, disse ele, poderia ser uma atriz. Ele insinuou... você pode imaginar o que. Ela não poderia receber nenhum treinamento em seu ofício. Será que ela poderia até mesmo procurar seu jantar em uma taverna ou vagar pelas ruas à meia-noite? No entanto, sua genialidade era de ficção e de desejo de se alimentar abundantemente das vidas de homens e mulheres e do estudo de seus caminhos. Finalmente - pois ela era muito jovem, estranhamente como Shakespeare, o poeta no rosto, com os mesmos olhos cinzentos e sobrancelhas arredondadas - no último Nick Greene o ator-gerente teve pena dela; ela se viu grávida daquele cavalheiro e assim - quem deve medir o calor e a violência do coração do poeta quando apanhado e enredado no corpo de uma mulher... - se matou em uma noite de inverno e jaz enterrada em alguma encruzilhada onde os ônibus agora param do lado de fora do Castelo.

Isso, mais ou menos, é como a história correria, eu acho, se uma mulher na época de Shakespeare tivesse tido a genialidade de Shakespeare. Mas de minha parte, concordo com o bispo falecido, se assim fosse, é impensável que qualquer mulher na época de Shakespeare tivesse tido a genialidade de Shakespeare. Pois um gênio como o de Shakespeare não nasce entre pessoas trabalhadoras, incultas e serviçais. Ele não nasceu na Inglaterra entre os saxões e os britânicos. Ele não nasce hoje entre as classes trabalhadoras. Como, então, poderia ter nascido entre as mulheres cujo trabalho começou, segundo o professor Trevelyan, quase antes que elas saíssem do berçário, que foram forçadas por seus pais e a ele se apegaram por todo o poder da lei e do costume? No entanto, o gênio deve ter existido entre as mulheres como deve ter existido entre as classes trabalhadoras. De vez em quando, uma Emily Brontë ou um Robert Burns se chama e prova sua presença. Mas certamente nunca chegou ao papel. Quando, no entanto, se lê de uma bruxa sendo esquivada, de uma mulher possuída por demônios, de uma mulher sábia vendendo ervas, ou mesmo de um homem muito notável que teve uma mãe, então eu acho que estamos no caminho de uma romancista perdida, uma poetisa reprimida, de alguma mudo e inglória Jane Austen, de alguma Emily Brontë que arrancou seus miolos na charneca ou esfregou e cortou as estradas enlouquecidas com as torturas a que seu dom a havia submetido. De fato, eu me atreveria a adivinhar que Anon, que escreveu tantos poemas sem cantá-los, era muitas vezes uma mulher. Foi uma mulher que Edward Fitzgerald, eu acho, sugeriu quem fez as baladas e as canções populares, fazendo-as de cócoras para seus filhos, enganando-a girando com eles, ou a duração da noite de inverno.

Isto pode ser verdade ou pode ser falso - quem pode dizer... - mas o que é verdade nele, então me pareceu, revendo a história da irmã de Shakespeare como eu a fiz, é que qualquer mulher nascida com um grande dom no século XVI certamente teria enlouquecido, se matado ou terminado seus dias em algum chalé solitário fora da vila, metade bruxa, metade feiticeira, temida e ridicularizada. Pois precisa de pouca habilidade em psicologia para ter certeza de que uma garota altamente dotada que tentou usar seu dom para a poesia teria sido tão frustrada e prejudicada por outras pessoas, tão torturada e separada por seus próprios instintos contrários, que ela deve ter perdido sua saúde e sanidade com certeza. Nenhuma garota poderia ter caminhado para Londres e ficado à porta de um palco, forçando-a a entrar na presença de atores-gerentes sem fazer ela mesma uma violência e sofrer uma angústia que pode ter sido irracional - pois a castidade pode ser um fetiche inventado por certas sociedades por razões desconhecidas - mas não eram, no entanto, inevitáveis. A castidade tinha então, tem mesmo agora, uma importância religiosa na vida de uma mulher, e se envolveu tanto com nervos e instintos que cortá-la e trazê-la à luz do dia exige coragem dos mais raros. Ter vivido uma vida livre em Londres no século dezesseis foi para uma mulher que foi poetisa e dramaturga um estresse nervoso e um dilema que poderia muito bem tê-la matado. Se ela tivesse sobrevivido, o que quer que tivesse escrito teria sido distorcido e deformado, emitindo de uma imaginação tensa e mórbida. E sem dúvida, eu pensei, olhando para a prateleira onde não há peças de teatro femininas, seu trabalho teria ficado sem assinatura. Aquele refúgio que ela certamente teria procurado. Foi a relíquia do senso de castidade que ditou o anonimato das mulheres, mesmo tão tarde quanto o século XIX. Currer Bell, George Eliot, George Sand, todas as vítimas de lutas interiores, como provam seus escritos, procuraram de forma ineficaz esconder-se usando o nome de um homem. Assim, eles fizeram uma homenagem à convenção, que se não implantada pelo outro sexo foi liberalmente encorajada por eles (a principal glória de uma mulher não deve ser falada, disse Péricles, ele próprio um homem muito falado) de que a publicidade nas mulheres é detestável. O anonimato corre em seu sangue. O desejo de ser velado ainda as possui. Elas não estão nem mesmo agora tão preocupadas com a saúde de sua fama como os homens estão, e, falando de modo geral, passarão por uma lápide ou um letreiro sem sentir um desejo irresistível de cortar seus nomes nela, como Alf, Bert ou Chas. deve fazer em obediência a seu instinto, que murmura se vê passar uma bela mulher, ou mesmo um cão, Ce chien est a moi. E, é claro, pode não ser um cão, eu pensei, lembrando a Praça do Parlamento, o Beco dos Cercos e outras avenidas; pode ser um pedaço de terra ou um homem com cabelo preto encaracolado. É uma das grandes vantagens de ser uma mulher que se pode passar mesmo uma negra muito fina sem querer fazer dela uma inglesa.

Aquela mulher, então, que nasceu com um dom de poesia no século XVI, era uma mulher infeliz, uma mulher em luta contra si mesma. Todas as condições de sua vida, todos os seus próprios instintos, eram hostis ao estado de espírito que é necessário para libertar o que quer que esteja no cérebro. Mas qual é o estado de espírito que é mais propício ao ato de criação? eu perguntei. Pode-se ter alguma noção do estado de espírito que promove e torna possível essa estranha atividade? Aqui eu abri o volume contendo as Tragédias de Shakespeare. Qual era o estado de espírito de Shakespeare, por exemplo, quando ele escreveu LEAR e ANTONY AND CLEOPATRA? Foi certamente o estado de espírito mais favorável à poesia que já existiu. Mas o próprio Shakespeare nada disse sobre isso. Sabemos apenas casualmente e por acaso que ele "nunca apagou uma linha". Nada foi realmente dito pelo próprio artista sobre seu estado de espírito até o século XVIII, talvez. Rousseau talvez o tenha iniciado. De qualquer forma, até o século XIX a autoconsciência havia se desenvolvido tanto que era hábito dos homens de letras descreverem suas mentes em confissões e autobiografias. Suas vidas também eram escritas, e suas cartas eram impressas após suas mortes. Assim, embora não saibamos o que Shakespeare passou quando escreveu LEAR, sabemos o que Carlyle passou quando escreveu a REVOLUÇÃO FRANCESA; o que Flaubert passou quando escreveu MADAME BOVARY; o que Keats estava passando quando tentou escrever poesia contra a morte próxima e a indiferença do mundo.

E se reúne desta enorme literatura moderna de confissão e auto-análise que escrever uma obra de gênio é quase sempre uma proeza de dificuldade prodigiosa. Tudo é contra a probabilidade de que ela venha da mente do escritor inteira e inteira. Geralmente as circunstâncias materiais são contra ela. Os cães vão latir; as pessoas vão interromper; o dinheiro deve ser feito; a saúde vai acabar. Além disso, acentuar todas essas dificuldades e torná-las mais difíceis de suportar é a notória indiferença do mundo. Ela não pede às pessoas que escrevam poemas, romances e histórias; ela não precisa deles. Não importa se Flaubert encontra a palavra certa ou se Carlyle verifica escrupulosamente este ou aquele fato. Naturalmente, ele não pagará pelo que não quer. E assim o escritor Keats, Flaubert, Carlyle, sofre, especialmente nos anos criativos da juventude, toda forma de distração e desânimo. Uma maldição, um grito de agonia, surge desses livros de análise e confissão. Poderosos poetas em sua miséria morrem" - esse é o fardo de sua canção. Se alguma coisa acontece apesar de tudo isso, é um milagre, e provavelmente nenhum livro nasce inteiro e sem ser aleijado na sua concepção.

Mas para as mulheres, eu pensava, olhando para as prateleiras vazias, estas dificuldades eram infinitamente mais formidáveis. Em primeiro lugar, ter um quarto próprio, quanto mais um quarto tranqüilo ou à prova de som, estava fora de questão, a menos que seus pais fossem excepcionalmente ricos ou muito nobres, mesmo até o início do século XIX. Como seu dinheiro de alfinete, que dependia da boa vontade de seu pai, era apenas o suficiente para mantê-la vestida, ela foi impedida de tais alívio como veio até Keats ou Tennyson ou Carlyle, todos homens pobres, de um passeio a pé, uma pequena viagem à França, do alojamento separado que, mesmo que fosse miserável o suficiente, os abrigou das reivindicações e tiranias de suas famílias. Tais dificuldades materiais eram formidáveis; mas muito piores eram as imateriais. A indiferença do mundo que Keats e Flaubert e outros homens de gênio acharam tão difícil de suportar não foi, em seu caso, indiferença, mas hostilidade. O mundo não lhe disse como lhes disse: "Escrevam se quiserem; para mim não faz diferença". O mundo disse com um gargalhar, escrever? Qual é o bem de sua escrita? Aqui os psicólogos de Newnham e Girton podem vir em nossa ajuda, pensei, olhando novamente para os espaços em branco nas prateleiras. Pois certamente é hora de medir o efeito do desânimo sobre a mente do artista, já que vi uma empresa leiteira medir o efeito do leite comum e do leite de grau A sobre o corpo do rato. Eles colocaram dois ratos em gaiolas lado a lado, e dos dois um era furtivo, tímido e pequeno, e o outro era lustroso, ousado e grande. Agora, em que comida alimentamos as mulheres como artistas? Eu perguntei, lembrando, suponho, aquele jantar de ameixas secas e creme de leite. Para responder a essa pergunta, tive apenas que abrir o jornal da noite e ler que Lord Birkenhead é de opinião - mas realmente não vou me incomodar em copiar a opinião de Lord Birkenhead sobre os escritos das mulheres. O que Dean Inge diz que eu irei embora em paz. O especialista da Harley Street pode ser autorizado a despertar os ecos da Harley Street com suas vociferações sem levantar um cabelo na minha cabeça. Vou citar, entretanto, o Sr. Oscar Browning, porque o Sr. Oscar Browning já foi uma grande figura em Cambridge, e costumava examinar os estudantes de Girton e Newnham. O Sr. Oscar Browning costumava declarar "que a impressão deixada em sua mente, depois de examinar qualquer conjunto de provas, era que, independentemente das notas que ele pudesse dar, a melhor mulher era intelectualmente inferior ao pior homem". Depois de dizer que o Sr. Browning voltou para seus quartos - e é esta sequela que o endeusa e faz dele uma figura humana de algum volume e majestade - ele voltou para seus quartos e encontrou um cavalariço deitado no sofá -'um mero esqueleto, suas bochechas eram cavernosas e malva, seus dentes eram pretos, e ele não parecia ter o pleno uso de seus membros... "Esse é Arthur" [disse o Sr. Browning]. "Ele é um menino muito querido, realmente e de mente muito alta". As duas fotos sempre me parecem completas uma à outra. E felizmente, nesta era da biografia, os dois quadros muitas vezes se completam, de modo que somos capazes de interpretar as opiniões dos grandes homens não apenas pelo que dizem, mas pelo que fazem.

Mas embora isso seja possível agora, tais opiniões provenientes dos lábios de pessoas importantes devem ter sido formidáveis o suficiente, mesmo há cinqüenta anos. Suponhamos que um pai dos mais altos motivos não desejasse que sua filha saísse de casa e se tornasse escritora, pintora ou estudiosa. Veja o que o Sr. Oscar Browning diz', ele diria; e não havia apenas o Sr. Oscar Browning; havia a REVISTA DE SÁBADO; havia o Sr. Greg- o 'essencial do ser de uma mulher', disse o Sr. Greg enfaticamente, 'são elas que SÃO APOIADAS POR, E O SEU MINISTRO POR, HOMENS' -- havia um enorme corpo de opinião masculina no sentido de que nada poderia ser esperado das mulheres intelectualmente. Mesmo que seu pai não lesse estas opiniões em voz alta, qualquer menina poderia lê-las para si mesma; e a leitura, mesmo no século XIX, deve ter diminuído sua vitalidade, e contada profundamente sobre seu trabalho. Sempre teria havido essa afirmação - você não pode fazer isso, você é incapaz de fazer isso - para protestar contra, para superar. Provavelmente para uma romancista, este germe já não tem muito efeito; pois já houve mulheres romancistas de mérito. Mas para as pintoras ainda deve ter algum ferrão; e para os músicos, eu imagino, ainda hoje é ativo e venenoso ao extremo. A mulher compositora está onde estava a atriz no tempo de Shakespeare. Nick Greene, eu pensei, lembrando a história que eu tinha feito sobre a irmã de Shakespeare, disse que uma mulher agindo o colocava na mente de um cão dançando. Johnson repetiu a frase duzentos anos depois, de mulheres pregando. E aqui, eu disse, abrindo um livro sobre música, temos as próprias palavras usadas novamente neste ano de graça, 1928, das mulheres que tentam escrever música. De Mlle. Germaine Tailleferre só se pode repetir o ditado do Dr. Johnson a respeito de uma mulher pregadora, transposto em termos de música. "Senhor, a composição de uma mulher é como o andar de um cão sobre suas patas traseiras". Não se faz bem, mas o senhor se surpreende ao ver que é feito de todo". [* A SURVEY OF CONTEMPORARY MUSIC, Cecil Gray, P. 246] A história se repete com tanta precisão.

Assim, concluí, fechando a vida do Sr. Oscar Browning e afastando o resto, é bastante evidente que mesmo no século XIX uma mulher não era encorajada a ser uma artista. Pelo contrário, ela foi desprezada, esbofeteada, pregada e exortada. Sua mente deve ter ficado tensa e sua vitalidade debilitada pela necessidade de se opor a isso, de desmentir isso. Pois aqui novamente estamos ao alcance daquele complexo masculino muito interessante e obscuro que teve tanta influência sobre o movimento da mulher; aquele desejo profundo, não tanto que ELE seja inferior, mas que ELE seja superior, que a planta onde quer que se olhe, não só em frente às artes, mas barrando o caminho para a política também, mesmo quando o risco para si mesmo parece infinitesimal e o suplicante humilde e devotado. Mesmo Lady Bessborough, lembrei-me, com toda a sua paixão pela política, deve humildemente se curvar e escrever a Lord Granville Leveson-Gower: "...não obstante toda a minha violência na política e falando tanto sobre esse assunto, concordo perfeitamente com você que nenhuma mulher tem nada a ver com esse ou qualquer outro assunto sério, muito mais do que dar a sua opinião (se ela for solicitada)". E assim ela continua a gastar seu entusiasmo onde ele não encontra obstáculo algum, sobre esse assunto imensamente importante, o discurso inaugural de Lorde Granville na Câmara dos Comuns. O espetáculo é certamente um espetáculo estranho, pensei eu. A história da oposição dos homens à emancipação da mulher é talvez mais interessante do que a própria história dessa emancipação. Um livro divertido poderia ser feito dele se algum jovem estudante de Girton ou Newnham colecionasse exemplos e deduzisse uma teoria,-mas ela precisaria de luvas grossas em suas mãos, e barras para protegê-la de ouro maciço.

Mas o que é divertido agora, eu me lembro, fechando Lady Bessborough, teve que ser levada desesperadamente a sério uma vez. Opiniões que agora se cola em um livro etiquetado como "cock-a-doodledum" e continua a ser lido para selecionar o público nas noites de verão, uma vez que chorou, posso assegurar-lhes. Entre seus avós e bisavós havia muitos que choravam. Florence Nightingale gritou em voz alta em sua agonia. Ver CASSANDRA, de Florence Nightingale, impresso em THE CAUSE, de R. Strachey]. Além disso, está tudo muito bem para vocês, que chegaram à faculdade e gostam de salas de estar - ou será apenas quartos de dormir? - de vocês mesmos dizerem que o gênio deve desconsiderar tais opiniões; que o gênio deve estar acima de se preocupar com o que é dito sobre isso. Infelizmente, são precisamente os homens ou mulheres de gênio que mais se importam com o que é dito deles. Lembre-se de Keats. Lembre-se das palavras que ele cortou em sua pedra tumular. Pense em Tennyson; pense, mas não preciso multiplicar as instâncias do inegável, se muito feliz, fato de que é a natureza do artista se importar excessivamente com o que é dito sobre ele. A literatura está repleta de destroços de homens que se preocuparam além da razão com as opiniões dos outros.

E essa suscetibilidade deles é duplamente infeliz, pensei, voltando à minha pergunta original sobre qual estado de espírito é mais propício para o trabalho criativo, porque a mente de um artista, para alcançar o prodigioso esforço de libertar todo o trabalho que está nele, deve ser incandescente, como a mente de Shakespeare, conjecturei, olhando para o livro que estava aberto em ANTONY AND CLEOPATRA. Não deve haver nele nenhum obstáculo, nenhuma matéria estranha não consumida.

Pois embora digamos que não sabemos nada sobre o estado de espírito de Shakespeare, mesmo quando dizemos isso, estamos dizendo algo sobre o estado de espírito de Shakespeare. A razão talvez pela qual sabemos tão pouco sobre Shakespeare - comparado com Donne ou Ben Jonson ou Milton - é que seus ressentimentos e espíritos e antipatias estão escondidos de nós. Não somos impedidos por alguma "revelação" que nos faz lembrar o escritor. Todo desejo de protestar, de pregar, de proclamar um ferimento, de pagar uma fatura, de fazer do mundo a testemunha de alguma dificuldade ou reclamação foi disparado e consumido por ele. Portanto, sua poesia flui dele livre e desimpedida. Se alguma vez um ser humano conseguiu que seu trabalho fosse expresso completamente, foi Shakespeare. Se alguma vez uma mente foi incandescente, desimpedida, pensei, voltando novamente à estante, era a mente de Shakespeare.

QUATRO

Que se encontraria qualquer mulher nesse estado de espírito no século dezesseis era obviamente impossível. Basta pensar nas lápides elizabetanas com todas aquelas crianças ajoelhadas com as mãos apertadas; e em suas mortes prematuras; e ver suas casas com seus quartos escuros e apertados, para perceber que nenhuma mulher poderia ter escrito poesia naquela época. O que se esperaria encontrar seria que mais tarde talvez alguma grande senhora aproveitasse sua liberdade e conforto comparativos para publicar algo com seu nome e correr o risco de ser pensada como um monstro. Os homens, é claro, não são snobs, eu continuei, escapando cuidadosamente do "feminismo arriscado" da senhorita Rebecca West; mas eles apreciam com simpatia a maior parte dos esforços de uma condessa para escrever versos. Seria de se esperar encontrar uma dama do título com muito mais encorajamento do que uma desconhecida Srta. Austen ou uma Srta. Brontë naquela época teria se encontrado com ela. Mas também se esperaria descobrir que sua mente estava perturbada por emoções alienígenas como medo e ódio e que seus poemas mostravam vestígios dessa perturbação. Aqui está Lady Winchilsea, por exemplo, eu pensei, tirando seus poemas. Ela nasceu no ano de 1661; ela era nobre tanto pelo nascimento quanto pelo casamento; ela era sem filhos; ela escreveu poesia, e basta abrir sua poesia para encontrá-la explodindo de indignação contra a posição das mulheres:

Como estamos derrotados! derrotados por regras equivocadas,

E a educação é muito mais do que os tolos da natureza;

Não tem a menor noção de todas as melhorias da mente,

E para ser monótono, esperado e projetado;

E se alguém subisse acima do resto,

Com uma fantasia mais quente, e ambição prensada,

Tão forte que a facção adversária ainda aparece,

As esperanças de prosperar não podem superar os medos.

Claramente, sua mente não "consumiu de forma alguma todos os impedimentos e se tornou incandescente". Pelo contrário, ela é assediada e distraída com ódio e queixas. A raça humana está dividida para ela em duas partes. Os homens são a "facção oposta"; os homens são odiados e temidos, porque têm o poder de barrar seu caminho para o que ela quer fazer - que é escrever.

Ai de mim! uma mulher que tenta a caneta,

Uma criatura tão presunçosa é muito estimada,

A falha não pode ser redimida por nenhuma virtude.

Eles nos dizem que confundimos nosso sexo e nossa maneira;

Boa criação, moda, dançar, vestir, brincar,

São as conquistas que devemos desejar;

Escrever, ou ler, ou pensar, ou perguntar,

Nublaria nossa beleza e esgotaria nosso tempo,

E interromper as conquistas de nosso auge.

Enquanto a administração monótona de uma casa servil

É mantida por alguns por nossa arte e uso máximos.

De fato, ela tem que se encorajar a escrever supondo que o que ela escreve nunca será publicado; para se acalmar com o cântico triste:

Para alguns poucos amigos, e para as tuas tristezas cantar,

> Para os bosques de louro nunca se quis dizer;
>
> Sejam sombrios o suficiente, e estejam lá satisfeitos.

No entanto, é claro que ela poderia ter libertado sua mente do ódio e do medo e não o amargurado com amargura e ressentimento, o fogo estava quente dentro dela. De vez em quando, a questão das palavras é pura poesia:

> Nem em sedas desbotadas se comporão,
>
> A rosa inimitável.

-eles são justamente elogiados pelo Sr. Murry, e o Papa, é pensado, lembrado e apropriado por aqueles outros:

> Agora o Jonquille o'ercome do cérebro fraco;
>
> Nós desmaiamos sob a dor aromática.

Era mil lamentações que a mulher que podia escrever assim, cuja mente estava sintonizada com a natureza e a reflexão, deveria ter sido forçada à raiva e à amargura. Mas como ela poderia ter ajudado a si mesma? perguntei, imaginando as zombarias e as risadas, a adulação dos sapos, o ceticismo do poeta profissional. Ela deve ter se fechado em uma sala do país para escrever, e deve ter sido dilacerada pela amargura e pelos escrúpulos, talvez, embora seu marido fosse o mais bondoso, e sua vida de casada fosse perfeita. Ela "deve ter", digo eu, porque quando se procura os fatos sobre Lady Winchilsea, descobrimos, como sempre, que quase nada se sabe sobre ela. Ela sofreu terrivelmente com a melancolia, o que podemos explicar pelo menos até certo ponto quando a encontramos dizendo-nos como ela a imaginaria:

> Minhas falas se enganaram, e meu emprego pensou
>
> Uma insensatez inútil ou uma falha presunçosa:

O emprego, que foi assim censurado, era, tanto quanto se pode ver, o inofensivo de divagar sobre os campos e sonhar:

> Minha mão tem o prazer de rastrear coisas incomuns,
>
> E se desvia do modo conhecido e comum,
>
> Nem em sedas desbotadas se comporão,
>
> A rosa inimitável.

Naturalmente, se esse era seu hábito e essa era sua satisfação, ela só podia esperar ser ridicularizada; e, portanto, diz-se que o Papa ou o Gay a satirizou "como um estoque azul com comichão para rabiscar". Também se pensa que ela ofendeu Gay ao rir dele. Ela disse que sua TRIVIA mostrou que "ele era mais apropriado para andar diante de uma cadeira do que para andar em uma". Mas isto é tudo 'fofoca duvidosa' e, diz o Sr. Murry, 'desinteressante'. Mas aí eu não concordo com ele, pois eu gostaria de ter tido até mais fofocas duvidosas para que eu pudesse ter descoberto ou inventado alguma imagem desta senhora melancólica, que adorava vaguear pelos campos e pensar em coisas inusitadas e desprezadas, tão precipitadamente, tão insensatamente, 'a gestão monótona de uma casa servil'. Mas ela se tornou difusa, diz o Sr. Murry. Seu dom é todo cultivado com ervas daninhas e amarrado com briars. Ela não tinha nenhuma chance de se mostrar pelo belo e distinto presente que era. E assim, colocando-a de volta na prateleira, voltei-me para a outra grande senhora, a Duquesa que Lamb amava, a intrépida e fantasiosa Margaret de Newcastle, sua mais velha, mas sua contemporânea. Eram muito diferentes, mas iguais nisto que ambos eram nobres e ambos sem filhos, e ambas eram casadas com o melhor dos maridos. Em ambas queimaram a mesma paixão pela poesia e ambas estão desfiguradas e deformadas pelas mesmas causas. Abre-se a Duquesa e se encontra a mesma explosão de raiva. Mulheres vivem como morcegos ou corujas, trabalham como feras e morrem como vermes...". Margaret também poderia ter sido uma poetisa; em nossos dias, toda essa atividade teria girado uma roda de algum tipo. Como era, o que poderia amarrar, domar ou civilizar para o uso humano aquela inteligência selvagem, generosa e sem tutela? Ela se derramou, de forma aguda, em torrentes de rimas e prosa, poesia e filosofia que ficam congeladas em quartos e fólios que ninguém jamais lê. Ela deveria ter colocado um microscópio em sua mão. Ela deveria ter sido ensinada a olhar para as estrelas e raciocinar cientificamente. Sua inteligência estava voltada para a solidão e a liberdade. Ninguém a examinou. Ninguém a ensinou. Os professores bajulavam-na. Na corte eles zombaram dela. Sir Egerton Brydges reclamou de sua rudeza, "como se estivesse fluindo de uma mulher de alta patente criada na Corte". Ela se calou sozinha em Welbeck.

Que visão de solidão e revolta o pensamento de Margaret Cavendish traz à mente! como se algum pepino gigante se tivesse espalhado sobre todas as rosas e cravos do jardim e os sufocasse até a morte. Que desperdício que a mulher que escreveu "as mulheres melhor criadas são aquelas cujas mentes são mais civilizadas" deveria ter desperdiçado seu tempo rabiscando bobagens e mergulhando cada vez mais fundo na obscuridade e na loucura até as pessoas se amontoarem ao redor de sua carruagem quando ela saiu. Evidentemente, a duquesa maluca se tornou um papão para assustar garotas espertas. Aqui, eu me lembrei, guardando a Duquesa e abrindo as cartas de Dorothy Osborne, está Dorothy escrevendo para o Templo sobre o novo livro da Duquesa. "Claro que a poetisa está um pouco distraída, ela nunca poderia se aventurar a escrever livros e, em verso também, se eu não dormisse esta quinzena, não deveria chegar a isso".

E assim, como nenhuma mulher de bom senso e modéstia podia escrever livros, Dorothy, que era sensível e melancólica, o próprio oposto da Duquesa em temperamento, não escreveu nada. As cartas não contavam. Uma mulher podia escrever cartas enquanto estava sentada ao lado da cama de seu pai doente. Ela podia escrevê-las junto ao fogo enquanto os homens falavam sem incomodá-los. O estranho é, pensei, virar as páginas das cartas de Dorothy, que presente que a menina sem educação e solitária tinha para o enquadramento de uma frase, para a formação de uma cena. Ouça-a correndo:

"Depois do jantar, vamos sentar-nos e conversar até que o Sr. B. vem em questão e depois eu vou. O calor do dia é gasto lendo ou trabalhando e cerca de seis ou sete por relógio, eu saio para um lugar comum que jaz fortemente perto da casa onde um grande número de jovens mantém ovelhas e vacas e se senta na sombra cantando baladas; eu me sento com elas e comparo seus hábitos e belezas com algumas pastoras antigas das quais li e acho que há uma grande diferença, mas acredite em mim, acho que elas são tão inocentes quanto aquelas que poderiam ser. Eu falo com elas, e acho que elas não querem nada que as faça o povo mais feliz do mundo, mas o conhecimento de que elas são inocentes. mais comumente, quando estamos no meio do nosso discurso, olhamos para ela e espiamos a caça de suas vacas na Corne e então elas fogem, como se tivessem asas nos calcanhares. Eu, que não sou ágil, fico olhando, e quando os vejo levando para casa o Gado de Corte, acho que está na hora de eu também me reanimar. quando eu jantei, vou até o Jardim e vou até o sistema de um pequeno rio que passa por ele, onde eu me sento e te desejo a mim...".

Poder-se-ia jurar que ela tinha em si as características de uma escritora. Mas "se eu não dormir esta quinzena, eu não deveria chegar a isso" - pode-se medir a oposição que estava no ar a uma mulher escrevendo quando se descobre que mesmo uma mulher com uma grande virada para escrever se fez acreditar que escrever um livro era para ser ridículo, até mesmo para se mostrar distraído. E assim chegamos, continuei, substituindo o pequeno volume único das cartas de Dorothy Osborne na prateleira, para a Sra. Behn.

E, com a Sra. Behn, viramos uma esquina muito importante na estrada. Deixamos para trás, fechados em seus parques entre seus fólios, aquelas grandes senhoras solitárias que escreviam sem audiência ou críticas, apenas para seu próprio deleite. Chegamos à cidade e roçamos os ombros com pessoas comuns nas ruas. A Sra.

Behn era uma mulher de classe média com todas as virtudes plebeias de humor, vitalidade e coragem; uma mulher forçada pela morte de seu marido e por algumas infelizes aventuras próprias a ganhar a vida pela sua perspicácia. Ela tinha que trabalhar em condições de igualdade com os homens. Ela fez, trabalhando muito duro, o suficiente para viver. A importância desse fato supera qualquer coisa que ela realmente escreveu, mesmo o esplêndido "Mil Mártires que eu fiz", ou "Amor em Fantástico Triunfo sentado", pois aqui começa a liberdade da mente, ou melhor, a possibilidade de que no decorrer do tempo a mente será livre para escrever o que quiser. Por agora que Aphra Behn tinha feito isso, as meninas poderiam ir até seus pais e dizer: "Você não precisa me dar uma mesada; eu posso ganhar dinheiro com minha caneta". É claro que a resposta por muitos anos foi: Sim, vivendo a vida de Aphra Behn! A morte seria melhor! e a porta foi arrombada mais rápido do que nunca. Esse assunto profundamente interessante, o valor que os homens atribuem à castidade das mulheres e seu efeito sobre sua educação, aqui se sugere para discussão, e poderia fornecer um livro interessante se algum estudante de Girton ou Newnham se importasse em ir ao assunto. Lady Dudley, sentada em diamantes no meio de um pântano escocês, poderia servir de frontispício. Lord Dudley, THE TIMES disse quando Lady Dudley morreu no outro dia, 'um homem de gosto cultivado e muitas realizações, era benevolente e generoso, mas caprichosamente despótico. Ele insistiu no fato de sua esposa usar o vestido cheio, mesmo no mais remoto tiroteio das Highlands; ele a carregou com jóias lindas', e assim por diante, 'ele lhe deu tudo - exceto qualquer medida de responsabilidade'. Então Lord Dudley teve um derrame e ela o tratou e governou suas propriedades com suprema competência para sempre. Aquele caprichoso despotismo também foi no século dezenove.

Mas para voltar. Aphra Behn provou que o dinheiro podia ser feito escrevendo no sacrifício, talvez, de certas qualidades agradáveis; e assim, aos poucos, a escrita tornou-se não apenas um sinal de loucura e uma mente distraída, mas era de importância prática.

Um marido poderia morrer, ou algum desastre ultrapassar a família. Centenas de mulheres começaram no século XVIII, quando o século XVIII se aproximava para acrescentar dinheiro a seus alfinetes, ou para vir em socorro de suas famílias, fazendo traduções ou escrevendo os inúmeros romances ruins que deixaram de ser gravados até mesmo em livros de texto, mas que devem ser pegos nas caixas de quatro pingentes na Charing Cross Road. A extrema atividade mental que se mostrou no final do século XVIII entre as mulheres - a conversa e o encontro, a redação de ensaios sobre Shakespeare, a tradução dos clássicos - foi fundada no fato sólido de que as mulheres podiam ganhar dinheiro escrevendo. O dinheiro dignifica o que é frívolo se não for pago. Ainda pode ser bom zombar das "meias azuis com comichão para rabiscar", mas não poderia ser negado que elas poderiam colocar dinheiro em suas bolsas. Assim, no final do século XVIII, surgiu uma mudança que, se eu estivesse reescrevendo a história, eu deveria descrever mais completamente e pensar em maior importância do que as Cruzadas ou as Guerras das Rosas.

A mulher de classe média começou a escrever. Pois se PRIDE E PREJUDICE importa, e MIDDLEMARCH e VILLETTE e WUTHERING HEIGHTS importam, então importa muito mais do que eu posso provar no discurso de uma hora que as mulheres em geral, e não apenas a aristocrata solitária fechada em sua casa de campo entre seus fólios e seus bajuladores, levaram à escrita. Sem aqueles precursores, Jane Austen e os Brontës e George Eliot não poderiam ter escrito mais do que Shakespeare poderia ter escrito sem Marlowe, ou Marlowe sem Chaucer, ou Chaucer sem aqueles poetas esquecidos que pavimentaram os caminhos e domaram a selvageria natural da língua. Pois obras-primas não são nascimentos solitários e únicos; são o resultado de muitos anos de pensamento em comum, de pensamento pelo corpo do povo, de modo que a experiência da massa está por trás da voz única. Jane Austen deveria ter colocado uma coroa de flores sobre o túmulo de Fanny Burney, e George Eliot fez uma homenagem à robusta sombra de Eliza Carter - a velha valente que amarrou um sino em sua cama para que ela pudesse acordar cedo e aprender grego. Todas as mulheres juntas deveriam deixar cair flores sobre o túmulo de Aphra Behn, que é, escandalosamente, mas muito apropriadamente, na Abadia de Westminster, pois foi ela quem lhes conquistou o direito de falar o que pensam. É ela - sombria e amorosa como ela era - que não me deixa muito feliz em dizer a vocês - de noite: Ganhe quinhentos por ano com sua perspicácia.

Aqui, então, tinha-se chegado ao início do século XIX. E aqui, pela primeira vez, encontrei várias prateleiras cedidas inteiramente às obras das mulheres. Mas por que não pude deixar de perguntar, enquanto passava os olhos por cima delas, será que, com pouquíssimas exceções, todas elas eram novelas? O impulso original era a poesia. A "cabeça suprema da canção" era uma poetisa. Tanto na França como na Inglaterra, as poetas precedem as romancistas femininas. Além disso, eu pensei, olhando para os quatro nomes famosos, o que tinha George Eliot em comum com Emily Brontë? Charlotte Brontë não falhou completamente em entender Jane Austen? Salvo o fato possivelmente relevante de que nenhuma delas teve um filho, mais quatro personagens incongruentes não poderiam ter se encontrado juntas em uma sala - tanto que é tentador inventar um encontro e um diálogo entre elas. No entanto, por alguma força estranha, todos foram obrigadas, quando escreveram, a escrever romances. Tinha algo a ver com o fato de terem nascido da classe média, perguntei; e com o fato, que a Srta. Emily Davies um pouco mais tarde foi tão marcante para demonstrar, que a família de classe média no início do século XIX estava possuída apenas por uma única sala de estar entre eles? Se uma mulher escrevesse, ela teria que escrever na sala de estar comum. E, como Miss Rouxinol era tão veemente para reclamar, -- "as mulheres nunca têm meia hora... que podem chamar de sua" -- ela sempre era interrompida. Ainda assim, seria mais fácil escrever prosa e ficção lá do que escrever poesia ou uma peça de teatro. É necessária menos concentração. Jane Austen escreveu assim até o final de seus dias. Como ela foi capaz de realizar tudo isso", escreve seu sobrinho em suas Memórias, "é surpreendente, pois ela não tinha nenhum escritório separado para onde reparar, e a maior parte do trabalho deve ter sido feita na sala de estar geral, sujeita a todo tipo de interrupções casuais". Ela teve cuidado para que sua ocupação não fosse suspeitada por criados ou visitantes ou qualquer pessoa além de sua própria turma familiar". Jane Austen escondeu seus manuscritos ou os cobriu com um pedaço de papel mataborrão. Então, novamente, todo o treinamento literário que uma mulher teve no início do século XIX foi o treinamento na observação do caráter, na análise da emoção. Sua sensibilidade tinha sido educada durante séculos pelas influências da sala de estar comum. Os sentimentos das pessoas ficavam impressionados nela; as relações pessoais estavam sempre diante de seus olhos. Por isso, quando a mulher de classe média começou a escrever, ela naturalmente escreveu romances, ainda que, como parece evidente, duas das quatro mulheres famosas aqui nomeadas não fossem por natureza romancistas. Emily Brontë deveria ter escrito peças poéticas; o transbordamento da mente capacitiva de George Eliot deveria ter se espalhado quando o impulso criativo foi gasto na história ou na biografia. No entanto, elas escreveram romances; pode-se até ir mais longe, eu disse, tirando PRIDE E PREJUDICE da prateleira, e dizer que elas escreveram bons romances. Sem vangloriar-se ou dar dor ao sexo oposto, pode-se dizer que PRIDE AND PREJUDICE é um bom livro. De qualquer forma, não se teria vergonha de ter sido pego no ato de escrever PRIDE AND PREJUDICE. No entanto, Jane Austen estava feliz por uma dobradiça ranger, para que ela pudesse esconder seu manuscrito antes que alguém entrasse. Para Jane Austen havia algo de desacreditável na escrita PRIDE AND PREJUDICE. E, eu me perguntava se PRIDE AND PREJU-DICE teria sido um romance melhor se Jane Austen não tivesse achado necessário esconder seu manuscrito dos visitantes? Eu li uma página ou duas para ver; mas não encontrei nenhum sinal de que suas circunstâncias tivessem prejudicado o seu trabalho. Isso, talvez, tenha sido o principal milagre disso. Aqui estava uma mulher sobre o ano de 1800 escrevendo sem ódio, sem amargura, sem medo, sem protesto, sem pregação. Foi assim que Shakespeare escreveu, pensei, olhando para ANTONY AND CLEOPATRA; e quando as pessoas comparam Shakespeare e Jane Austen, elas podem significar que as mentes de ambos tinham consumido todos os impedimentos; e por esta razão não conhecemos Jane Austen e não conhecemos Shakespeare, e por esta razão Jane Austen permeia cada palavra que ela escreveu, e Shakespeare também. Se Jane Austen sofreu de alguma forma com suas circunstâncias, foi na estreiteza da vida que foi imposta a ela. Era impossível para uma mulher andar por aí sozinha. Ela nunca viajou; ela nunca andou de ônibus por Londres ou almoçou sozinha em um estabelecimento público. Mas talvez fosse da natureza de Jane Austen não querer o que ela não tinha. Seu dom e suas circunstâncias combinavam completamente um com o outro. Mas duvido que isso fosse verdade para Charlotte Brontë, disse eu, abrindo JANE EYRE e colocando-a ao lado de PRIDE AND PREJUDICE.

Eu o abri no capítulo doze e minha atenção ficou presa pela frase "Qualquer um pode me culpar por quem gostar". De que estavam culpando Charlotte Brontë? Eu me perguntei. E li como Jane Eyre costumava subir ao telhado quando a Sra. Fairfax estava fazendo geleias e olhava para os campos à vista distante. E então ela ansiava - e foi por isso que a culparam - que "então eu ansiava por um poder de visão que pudesse ultrapassar esse limite; que pudesse alcançar o mundo movimentado, cidades, regiões cheias de vida que eu tinha ouvido falar, mas nunca tinha visto: que então eu desejava mais experiência prática do que possuía; mais relações sexuais com minha espécie, de familiaridade com a variedade de caráter do que estava aqui ao meu alcance. Eu valorizava o que era bom na Sra. Fairfax, e o que era bom na Adele; mas eu acreditava na existência de outros tipos de bondade mais vívidos, e o que eu acreditava, eu desejava contemplar.

Quem me censura? Muitos, sem dúvida, e eu serei chamada de descontente. Não pude evitar: a inquietação estava em minha natureza; às vezes me agitava à dor...

É inútil dizer que os seres humanos devem estar satisfeitos com a tranquilidade: eles devem ter ação; e eles farão isso se não conseguirem encontrá-la. Milhões estão condenados a uma condenação mais silenciosa do que a minha e milhões estão em silenciosa revolta contra sua sorte. Ninguém sabe quantas rebeliões fermentam nas massas da vida que as pessoas aterram. As mulheres são supostamente muito calmas em geral: mas as mulheres sentem-se como os homens; precisam de exercício para suas faculdades e um campo para seus esforços tanto quanto seus irmãos; sofrem de uma restrição muito rígida, de uma estagnação muito absoluta, exatamente como os homens sofreriam; e é estreito em suas criaturas mais privilegiadas dizer que devem se limitar a fazer pudins e meias de tricô, a tocar piano e sacos de bordado. É impensado condená-los, ou rir deles, se eles procuram fazer mais ou aprender mais do que o costume tem pronunciado necessário para seu sexo.

"Quando assim sozinho, não é raro ouvir o riso de Grace Poole...

Isso é uma pausa embaraçosa, pensei eu. É perturbador encontrar a Grace Poole de repente. A continuidade é perturbada. Pode-se dizer, eu continuei, colocando o livro ao lado de PRIDE AND PREJUDICE, que a mulher que escreveu aquelas páginas tinha mais gênio nela do que Jane Austen; mas se alguém as lê e marca aquela sacudidela nelas, aquela indignação, percebe-se que ela nunca terá seu gênio expresso inteiro e completo. Seus livros serão deformados e retorcidos. Ela escreverá em fúria onde deve escrever com calma. Ela escreverá insensatamente onde deve escrever sabiamente. Ela escreverá de si mesma onde ela deve escrever de seus personagens. Ela está em guerra com sua sorte. Como ela poderia ajudar, mas morrer jovem, apertada e frustrada?

Não se podia deixar de jogar por um momento com o pensamento do que poderia ter acontecido se Charlotte Brontë tivesse possuído trezentos por ano - mas a mulher tola vendeu os direitos autorais de seus romances por quinhentas libras; de alguma forma possuía mais conhecimento do mundo ocupado, e cidades e regiões cheias de vida; mais experiência prática, e relações sexuais com sua espécie e conhecimento de uma variedade de caráter. Nessas palavras, ela coloca seu dedo exatamente não apenas sobre seus próprios defeitos como romancista, mas sobre aqueles de

seu sexo naquela época. Ela sabia, ninguém melhor, quão enormemente sua genialidade teria lucrado se não tivesse se dedicado a
visões solitárias em campos distantes; se a experiência e as relações e viagens lhe tivessem sido concedidas. Mas eles não foram
concedidos; eles foram retidos; e devemos aceitar o fato de que
todos aqueles bons romances, VILLETTE, EMMA, WUTHERING
HEIGHTS, MIDDLEMARCH, foram escritos por mulheres sem mais
experiência de vida do que poderia entrar na casa de um respeitável clérigo; escritos também na sala comum daquela respeitável casa e por mulheres tão pobres que não podiam comprar mais
do que alguns poucos exemplares de papel de cada vez, sobre os
quais escrever WUTHERING HEIGHTS ou JANE EYRE. Um deles,
é verdade, George Eliot, escapou depois de muita tribulação, mas
apenas para uma moradia isolada em St John's Wood. E lá ela se
estabeleceu à sombra da desaprovação do mundo. Desejo que seja
compreendido", escreveu ela, "que eu nunca convide ninguém a
vir me ver quem não pediu o convite"; pois ela não estava vivendo
em pecado com um homem casado e não poderia a visão de seu
dano a castidade da Sra. Smith ou de quem quer que fosse que
fosse que pudesse chamar? É preciso se submeter à convenção so-
cial e ser "cortado do que se chama o mundo". Ao mesmo tempo,
do outro lado da Europa, havia um jovem vivendo livremente
com esta cigana ou com aquela grande senhora; indo para as guerras; pegando sem obstáculos e sem censura toda aquela experiência variada da vida humana que lhe serviu tão esplendidamente
mais tarde quando ele veio escrever seus livros. Se Tolstoi tivesse
vivido no Priorado em reclusão com uma senhora casada "cortada do que se chama o mundo", por mais edificante que fosse a
lição moral, ele dificilmente poderia, pensei, ter escrito GUERRA
E PAZ.

Mas talvez se pudesse ir um pouco mais fundo na questão da escrita de romances e do efeito do sexo sobre o romancista. Se alguém fecha os olhos e pensa no romance como um todo, parece
ser uma criação que possui uma certa semelhança de vidro com a
vida, embora naturalmente com simplificações e distorções inu-

meráveis. De qualquer forma, é uma estrutura que deixa uma forma no olho da mente, construída agora em quadrados, agora em forma de pagode, agora lançando asas e arcadas, agora solidamente compacta e abobadada como a Catedral de Santa Sofia em Constantinopla. Esta forma, pensei, pensando em certos romances famosos, começa em um tipo de emoção que é apropriada a ele. Mas essa emoção ao mesmo tempo se mistura com outras, pois a 'forma' não é feita pela relação de pedra com pedra, mas pela relação do ser humano com o ser humano. Assim, um romance começa em nós todo tipo de emoções antagônicas e opostas. A vida entra em conflito com algo que não é vida. Daí a dificuldade de chegar a qualquer acordo sobre romances, e a imensa oscilação que nossos preconceitos privados têm sobre nós. Por um lado, sentimos que Você, John, o herói, deve viver, ou eu estarei nas profundezas do desespero. Por outro, nós sentimos, infelizmente, John, que você deve morrer, porque a forma do livro o exige. A vida entra em conflito com algo que não é vida. Então, como a vida é em parte, nós a julgamos como vida. James é o tipo de homem que eu mais detesto, diz-se. Ou, isto é um farrago de absurdo. Eu mesmo nunca poderia sentir nada do tipo. Toda a estrutura, é óbvio, pensando em qualquer romance famoso, é de infinita complexidade, porque é assim constituída de tantos julgamentos diferentes, de tantos tipos diferentes de emoção. A maravilha é que qualquer livro assim composto se mantém unido por mais de um ano ou dois, ou pode possivelmente significar para o leitor inglês o que significa para o russo ou para o chinês. Mas eles se mantêm unidos ocasionalmente de forma muito notável. E o que os mantém unidos nestes raros casos de sobrevivência (estava pensando em GUERRA E PAZ) é algo que se chama integridade, embora não tenha nada a ver com pagar as contas ou se comportar honradamente em uma emergência. O que se entende por integridade, no caso do romancista, é a convicção de que ele dá a alguém que esta é a verdade. Sim, sente-se, nunca deveria ter pensado que isso poderia ser assim; nunca conheci pessoas se comportando dessa maneira. Mas o senhor me convenceu de que assim é, assim acontece. Cada frase, cada cena à luz como se lê - pois a Natureza parece, muito estranhamente, ter nos dado uma luz interior para julgar a integridade ou a desintegração do romancista. Ou talvez seja antes que a Natureza, em seu humor mais irracional, tenha traçado em tinta invisível nas paredes da mente uma premonição que estes grandes artistas confirmam; um esboço que só precisa ser segurado ao fogo do gênio para se tornar visível. Quando alguém assim o expõe e o vê ganhar vida, exclama em êxtase, mas isto é o que sempre senti, conheci e desejei! E ferve-se com entusiasmo e, fechando o livro mesmo com uma espécie de reverência, como se fosse algo muito precioso, uma espera para voltar enquanto se vive, voltamos a colocá-lo na prateleira, disse eu, pegando a GUERRA E A PAZ e colocando-o de volta em seu lugar. Se, por outro lado, estas pobres sentenças que se tira e testa, despertam primeiro uma resposta rápida e ansiosa com suas cores brilhantes e seus gestos afoitos, mas lá eles param: algo parece verificá-los em seu desenvolvimento: ou se eles trazem à luz apenas um rabisco fraco naquele canto e uma mancha ali, e nada parece inteiro e inteiro, então um suspira um suspiro de desapontamento e diz. Outro fracasso. Este romance chegou a lamentar em algum lugar.

E, na maior parte das vezes, é claro, os romances vêm a luto em algum lugar. A imaginação vacila sob a enorme tensão. A percepção é confusa; não consegue mais distinguir entre o verdadeiro e o falso, não tem mais força para continuar com o vasto trabalho que exige a cada momento o uso de tantas faculdades diferentes. Mas como tudo isso seria afetado pelo sexo do romancista, eu me perguntava, olhando para JANE EYRE e os outros. Será que o fato de seu sexo interferiria de alguma forma com a integridade de uma romancista mulher - essa integridade que eu considero ser a espinha dorsal da escritora? Agora, nas passagens que citei de JANE EYRE, está claro que a raiva estava mexendo com a integridade de Charlotte Brontë, a romancista. Ela deixou sua história, à qual toda sua devoção era devida, para atender a alguma reclamação pessoal. Ela se lembrou de que havia passado fome de sua própria experiência - ela havia sido obrigada a estagnar em um presbitério consertando meias quando queria vaguear livre pelo mundo. Sua imaginação se desviou da indignação e nós a sentimos desviada. Mas havia muito mais influências do que a raiva puxando sua imaginação e desviando-a de seu caminho. Ignorância, por exemplo. O retrato de Rochester é desenhado no escuro. Sentimos nele a influência do medo; assim como constantemente sentimos uma acidez que é o resultado da opressão, um sofrimento enterrado e latente sob sua paixão, um rancor que contrai aqueles livros, esplêndido como eles são, com um espasmo de dor.

E como um romance tem esta correspondência com a vida real, seus valores são, em certa medida, os da vida real. Mas é óbvio que os valores das mulheres diferem muito freqüentemente dos valores que foram feitos pelo outro sexo; naturalmente, isto é assim. No entanto, são os valores masculinos que prevalecem. Falando sem rodeios, o futebol e o esporte são "importantes"; o culto à moda, a compra de roupas "trivial". E estes valores são inevitavelmente transferidos da vida para a ficção. Este é um livro importante, o crítico assume, porque trata da guerra. Este é um livro insignificante porque trata dos sentimentos das mulheres em uma sala de desenho. Uma cena num campo de batalha é mais importante do que uma cena numa loja - em qualquer lugar e muito mais sutilmente a diferença de valor persiste. Toda a estrutura, portanto, do romance do início do século XIX foi levantada, se fosse uma mulher, por uma mente que foi ligeiramente puxada da reta, e feita para alterar sua clara visão em deferência à autoridade externa. Basta folhear aqueles romances antigos esquecidos e ouvir o tom de voz em que são escritos ao divino que a escritora estava encontrando críticas; ela dizia isso por meio de agressão, ou isso por meio de conciliação. Ela estava admitindo que era "apenas uma mulher", ou protestando que ela era "tão boa quanto um homem". Ela encontrava essa crítica como seu temperamento ditava, com docilidade e desconfiança, ou com raiva e ênfase. Não importa qual era; ela estava pensando em outra coisa que não fosse a coisa em si. Desce o livro dela sobre nossas cabeças. Havia uma falha no centro dele. E eu pensei em todos os romances femininos que estavam espalhados, como pequenas maçãs marcadas em um pomar, sobre as livrarias de segunda mão de Londres. Foi a falha no centro que as apodreceu. Ela havia alterado seus valores em deferência à opinião dos outros.

Mas como deve ter sido impossível para elas não cederem nem para a direita nem para a esquerda. Que gênio, que integridade deve ter exigido diante de todas essas críticas, no meio daquela sociedade puramente patriarcal, para se agarrar à coisa como elas a viram sem encolher. Somente Jane Austen o fez e Emily Brontë. É outra pena, talvez a mais fina, em seus capuzes. Elas escreveram como as mulheres escrevem, não como os homens escrevem. De todas as milhares de mulheres que escreveram romances então, só elas ignoraram completamente as admoestações perpétuas da eterna pedagoga - escrevam isto, pensem isso. Só elas eram surdas àquela voz persistente, agora resmungona, agora paternalista, agora dominadora, agora aflita, agora chocada, agora irada, agora avuncular, aquela voz que não pode deixar as mulheres sozinhas, mas deve estar com elas, como algumas governantas demasiado conscienciosas, acompanhando-as, como Sir Egerton Brydges, para serem refinadas; arrastando-se até mesmo para a crítica de poesia crítica de sexo; [*1] admoestando-as, se elas fossem boas e ganhassem, como suponho, algum prêmio brilhante, para manter dentro de certos limites que o cavalheiro em questão considere adequados...". ... as romancistas só devem aspirar à excelência reconhecendo corajosamente as limitações de seu sexo". [*2] Isso coloca o assunto em poucas palavras, e quando lhe digo, para sua surpresa, que esta frase não foi escrita em agosto de 1828, mas em agosto de 1928, você concordará, penso eu, que por mais encantadora que seja para nós agora, ela representa um vasto corpo de opinião - não vou agitar essas velhas lagoas; aproveito apenas o acaso que flutuou até meus pés - que foi muito mais vigoroso e muito mais vocal um século atrás. Teria sido necessária uma jovem muito robusta em 1828 para desconsiderar todos aqueles desentendimentos e repreensões e promessas de prêmios. Deve ter sido algo como uma marca de fogo para dizer a si mesmo:

Oh, mas eles não podem comprar literatura também. A literatura está aberta a todos. Eu me recuso a permitir que você, Beadle por mais que seja, me afaste da grama. Tranquem suas bibliotecas se quiserem; mas não há nenhum portão, nenhum cadeado, nenhum parafuso, que vocês possam colocar sobre a liberdade da minha mente.

[*1 [Ela] tem um propósito metafísico, e isso é uma obsessão perigosa, especialmente com uma mulher, pois as mulheres raramente possuem o amor saudável dos homens pela retórica. É uma estranha falta no sexo que é em outras coisas mais primitiva e materialista.'--NEW CRITERION, junho de 1928].

2 'Se, como a repórter, você acredita que as romancistas só devem aspirar à excelência reconhecendo corajosamente as limitações de seu sexo (Jane Austen [demonstrou] como este gesto pode ser graciosamente realizado...'--LIFE AND LETTERS, agosto de 1928].

Mas seja qual for o efeito que o desânimo e a crítica tiveram sobre seus escritos - e acredito que eles tiveram um efeito muito grande - isso não foi importante em comparação com a outra dificuldade que enfrentaram (eu ainda estava considerando aqueles romancistas do início do século XIX) quando vieram para colocar seus pensamentos no papel - isto é, que eles não tinham nenhuma tradição por trás deles, ou uma tradição tão curta e parcial que foi de pouca ajuda. Pois pensamos através de nossas mães, se formos mulheres. É inútil ir até os grandes escritores homens em busca de ajuda, por muito que se vá até eles por prazer. Lamb, Browne, Thackeray, Newman, Sterne, Dickens, De Quincey - quem quer que seja - nunca ajudou uma mulher, embora ela possa ter aprendido alguns truques deles e os tenha adaptado ao seu uso. O peso, o ritmo, os passos da mente de um homem são muito diferentes dos dela para que ela possa levantar qualquer coisa substancial dele com sucesso. O macaco está muito distante para ser sedutor. Talvez a primeira coisa que ela encontraria, colocando a caneta no papel, fosse que não havia uma frase comum pronta para seu uso. Todos os grandes romancistas como Thackeray e Dickens e Balzac escreveram uma prosa natural, rápida mas não descuidada, expressiva mas não preciosa, tomando sua própria tonalidade sem deixar de ser propriedade comum. Eles a basearam na frase que era atual na época. A frase que era atual no início do século XIX talvez tenha sido algo assim: "A grandeza de suas obras era uma discussão com eles, não para ser breve, mas para prosseguir". Eles não podiam ter maior excitação ou satisfação do que no exercício de sua arte e gerações intermináveis de verdade e beleza". O sucesso é um estímulo ao esforço; e o hábito facilita o sucesso". Essa é a frase de um homem; por trás dela pode-se ver Johnson, Gibbon e os demais. Era uma frase que não era adequada para o uso de uma mulher. Charlotte Brontë, com todo seu esplêndido dom para a prosa, tropeçou e caiu com aquela arma desajeitada em suas mãos. George Eliot cometeu atrocidades com essa descrição mendiga. Jane Austen olhou para ela e riu dela e elaborou uma frase perfeitamente natural, moldada e própria para seu próprio uso e nunca se afastou dela. Assim, com menos gênio para escrever do que Charlotte Brontë, ela foi infinitamente mais dita. De fato, como a liberdade e a plenitude de expressão são da essência da arte, tal falta de tradição, tal escassez e inadequação de ferramentas, deve ter contaminado enormemente a escrita das mulheres. Além disso, um livro não é feito de sentenças escritas de ponta a ponta, mas de sentenças construídas, se uma imagem ajuda, em arcadas ou cúpulas. E esta forma também foi feita por homens a partir de suas próprias necessidades para seus próprios usos. Não há razão para pensar que a forma da epopeia ou do jogo poético se adapta mais a uma mulher do que a frase lhe convém. Mas todas as formas mais antigas de literatura foram endurecidas e definidas na época em que ela se tornou escritora. O romance por si só era jovem o suficiente para ser suave em suas mãos, talvez por outra razão, porque ela escreveu romances. No entanto, quem dirá que mesmo agora "o romance" (dou-lhe vírgulas invertidas para marcar meu senso de inadequação das palavras), quem dirá que mesmo está mais maleável de todas as formas é corretamente moldada para seu uso? Sem dúvida, vamos encontrá-la dando forma a ela mesma quando ela tiver o livre uso de seus membros; e fornecendo algum veículo novo, não necessariamente em verso, para a poesia nela contida. Pois é a poesia que ainda é negada a saída. E continuei a refletir sobre como uma mulher hoje em dia escreveria uma tragédia poética em cinco atos. Será que ela usaria o verso? - não preferiria ela usar a prosa?

Mas estas são questões difíceis que se situam no crepúsculo do futuro. Devo deixá-las, quanto mais não seja porque elas me estimulam a vaguear do meu sujeito para florestas sem trilhas onde me perderei e, muito provavelmente, serei devorada por animais selvagens. Não quero, e estou certo de que vocês não querem que eu aborde esse assunto tão sombrio, o futuro da ficção, de modo que só vou parar aqui um momento para chamar sua atenção para o grande papel que deve ser desempenhado nesse futuro no que diz respeito às condições físicas das mulheres. O livro tem de alguma forma de ser adaptado ao corpo, e em um empreendimento se diria que os livros das mulheres deveriam ser mais curtos, mais concentrados, do que os dos homens, e enquadrados de modo que não precisem de longas horas de trabalho estável e ininterrupto. Para as interrupções sempre haverá. Mais uma vez, os nervos que alimentam o cérebro parecem ser diferentes nos homens e nas mulheres, e se você vai fazê-los trabalhar o melhor e mais duro possível, você deve descobrir que tratamento lhes convém - sejam essas horas de palestras, por exemplo, que os monges conceberam, presumivelmente, há centenas de anos atrás, que alternâncias de trabalho e descanso eles precisam, interpretando o descanso não como não fazer nada, mas como fazer algo que é diferente; e qual deveria ser essa diferença? Tudo isso deve ser discutido e descoberto; tudo isso é parte da questão da mulher e da ficção. E ainda assim, continuei aproximando-me novamente da estante, onde devo encontrar aquele estudo elaborado da psicologia da mulher por uma mulher? Se através de sua incapacidade de jogar futebol as mulheres não forem autorizadas a praticar medicina...

Felizmente, meus pensamentos agora tiveram outra guinada.

CINCO

Eu tinha chegado finalmente, no decorrer desta divagação, às prateleiras que guardam livros pelos vivos; pelas mulheres e pelos homens; pois há quase tantos livros escritos por mulheres agora quanto por homens. Ou se isso ainda não é bem verdade, se o homem ainda é o sexo volúvel, certamente é verdade que as mulheres não escrevem mais romances apenas. Há os livros de Jane Harrison sobre arqueologia grega; os livros de Vernon Lee sobre estética; os livros de Gertrude Bell sobre Pérsia. Há livros sobre todos os tipos de assuntos que há uma geração nenhuma mulher poderia ter tocado. Há poemas, peças de teatro e críticas; há histórias e biografias, livros de viagens e livros de bolsas de estudo e pesquisa; há até mesmo algumas filosofias e livros sobre ciência e economia. E embora os romances predominem, os próprios romances podem muito bem ter mudado de associação com livros de uma pena diferente. A simplicidade natural, a era épica da escrita feminina, pode ter ido embora. A leitura e a crítica podem ter lhe dado uma gama mais ampla, uma maior sutileza. O impulso para a autobiografia pode ter sido gasto. Ela pode estar começando a usar a escrita como uma arte, não como um método de autoexpressão. Entre esses novos romances, pode-se encontrar uma resposta a várias dessas perguntas.

Eu derrubei um deles ao acaso. Estava no final da prateleira, foi chamada de LIFE'S ADVENTURE, ou algum título semelhante, por Mary Carmichael, e foi publicada neste mesmo mês de outubro. Parece ser seu primeiro livro, disse a mim mesmo, mas é preciso lê-lo como se fosse o último volume de uma série bastante longa, dando continuidade a todos aqueles outros livros que eu tenho olhado de relance, os poemas de Winchilsea e as peças de Aphra Behn e os romances dos quatro grandes romancistas. Pois os livros continuam um ao outro, apesar de nosso hábito de julgá-los separadamente. E também devo considerá-la - esta mulher desconhecida - como descendente de todas aquelas outras mulheres cujas circunstâncias tenho olhado e visto o que ela herda de suas características e restrições. Então, com um suspiro, porque os romances muitas vezes fornecem um anódino e não um antídoto, deslizando um em babados entorpecidos em vez de despertar um com uma marca em chamas, eu me estabeleci com um caderno e um lápis para fazer o que podia do primeiro romance de Mary Carmichael, LIFE'S ADVENTURE.

Para começar, eu percorri meu olho para cima e para baixo na página. Vou pegar o jeito das frases dela primeiro, disse eu, antes de carregar minha memória com olhos azuis e marrons e a relação que pode haver entre Chloe e Roger. Haverá tempo para isso quando eu tiver decidido se ela tem uma caneta na mão ou uma picareta. Então, tentei uma ou duas frases na minha língua. Logo foi óbvio que algo não estava em ordem. O deslizamento suave da sentença após a sentença foi interrompido. Algo rasgou, algo arranhou; uma única palavra aqui e ali piscava sua tocha em meus olhos. Ela estava "desprendendo-se", como dizem nas peças antigas. Ela é como uma pessoa que bate um fósforo que não acende, eu pensei. Mas por que, perguntei-lhe como se ela estivesse presente, as frases de Jane Austen não são da forma correta para você? Elas devem ser todas eliminadas porque Emma e o Sr. Woodhouse estão mortos? Infelizmente, eu suspirei, que deveria ser assim. Pois enquanto Jane Austen quebra de melodia em melodia como Mozart de canção em canção, ler esta escrita era como estar no mar em um barco aberto. Um foi para cima, outro afundou. Esta concisão, este vento curto, pode significar que ela tinha medo de algo; medo de ser chamada de 'sentimental' talvez; ou ela se lembra que a escrita das mulheres tem sido chamada de florida e assim fornece uma superfluidade de espinhos; mas até que eu tenha lido uma cena com algum cuidado, eu não posso ter certeza se ela está sendo ela mesma ou outra pessoa. De qualquer forma, ela não diminui a vitalidade de alguém, pensei, lendo com mais cuidado. Mas ela está amontoando demasiados fatos. Ela não será capaz de usar metade deles em um livro deste tamanho. (Era cerca da metade do comprimento de JANE EYRE.) Entretanto, de alguma forma ela conseguiu que todos nós - Roger, Chloe, Olivia, Tony e Sr. Bigham - subíssemos o rio de canoa. Espere um momento, disse eu, encostada em minha cadeira, devo considerar tudo isso com mais cuidado antes de ir mais longe.

Estou quase certa, disse a mim mesma, que Mary Carmichael está pregando uma peça em nós. Pois eu me sinto como se estivesse em um trem de retorno quando o carro, em vez de afundar, como foi levado a esperar, se ajeita novamente. Mary está manipulando a seqüência esperada. Primeiro ela quebrou a frase; agora ela quebrou a seqüência. Muito bem, ela tem todo o direito de fazer estas duas coisas se as fizer não para quebrar, mas para criar. Qual das duas coisas não posso ter certeza até que ela tenha se defrontado com uma situação. Eu lhe darei toda a liberdade, disse eu, para escolher qual será essa situação; ela fará de latas e chaleiras velhas se quiser; mas ela deve me convencer de que acredita que é uma situação; e então, quando tiver feito isso, ela deve enfrentá-la. Ela deve pular. E, determinado a cumprir meu dever por ela como leitora, se ela cumpriria seu dever para comigo como escritora, eu virei a página e li... Sinto muito em interromper tão abruptamente. Não há homens presentes? Você me promete que por trás daquela cortina vermelha ali a figura de Sir Charles Biron não está escondida? Somos todas mulheres que você me garante? Então posso lhe dizer que as próximas palavras que li foram estas: "Chloe gostou de Olivia...". Não pergunte. Não core. Admitamos na privacidade de nossa própria sociedade que essas coisas às vezes acontecem. Às vezes, as mulheres gostam de mulheres.

Chloe gostou da Olivia', eu li. E então me chamou a atenção como havia uma mudança imensa. Chloe gostou de Olivia, talvez pela primeira vez na literatura. Cleópatra não gostava de Octávia. E quão completamente ANTONY E CLEOPATRA teriam sido alterados se ela o tivesse feito! Como está, eu pensei, deixando minha mente, receio, vaguear um pouco da Aventura da Vida, tudo isso é simplificado, convencionado, se alguém ousasse dizer, absurdamente. O único sentimento de Cleópatra sobre Octávia é de ciúme. Ela é mais alta do que eu? Como ela faz o cabelo? A peça, talvez, não precisasse mais. Mas como teria sido interessante se a relação entre as duas mulheres tivesse sido mais complicada. Todas estas relações entre mulheres, pensei, lembrando rapidamente a esplêndida galeria de mulheres fictícias, são muito simples. Tanta coisa foi deixada de fora, sem ser tentada. E tentei me lembrar de qualquer caso no decorrer da minha leitura em que duas mulheres estão representadas como amigas. Há uma tentativa em DIANA OF THE CROSSWAYS. Elas são confidentes, é claro, em Racine e nas tragédias gregas. Elas são, de vez em quando, mães e filhas. Mas quase sem exceção, elas são mostradas em sua relação com os homens. Era estranho pensar que todas as grandes mulheres de ficção eram, até os dias de Jane Austen, não só vistas pelo outro sexo, mas vistas apenas em relação ao outro sexo. E quão pequena é uma parte da vida de uma mulher; e quão pouco pode um homem saber até mesmo disso quando o observa através dos espetáculos negros ou rosados que o sexo coloca em seu nariz. Daí, talvez, a natureza peculiar da mulher na ficção; os extremos espantosos de sua beleza e horror; suas alternâncias entre a bondade celestial e a depravação infernal - para que um amante a visse como seu amor se elevava ou se afundava, era próspero ou infeliz. Isto não é tão verdade para os romancistas do século XIX, é claro. A mulher se torna muito mais variada e complicada lá. De fato, foi o desejo de escrever sobre as mulheres talvez que levou os homens a abandonarem o drama poético que, com sua violência, podia fazer tão pouco uso delas, e a conceberem o romance como um receptáculo mais adequado. Mesmo assim, permanece óbvio, mesmo na escrita de Proust, que um homem é terrivelmente prejudicado e parcial em seu conhecimento das mulheres, como uma mulher em seu conhecimento dos homens.

Além disso, continuei, olhando novamente para a página, torna-se evidente que as mulheres, como os homens, têm outros interesses além dos interesses perenes da domesticidade. Chloe gostou da Olivia. Elas compartilharam um laboratório juntas... Eu li e descobri que essas duas jovens mulheres estavam empenhadas em diminuir o fígado, o que parece ser a cura para a anemia perniciosa; embora uma delas fosse casada e tivesse... eu acho que tenho razão em relação à estatuária - dois filhos pequenos. Agora tudo isso, é claro, teve que ser deixado de lado, e assim o esplêndido retrato da mulher fictícia é muito simples e muito monótono. Suponha, por exemplo, que os homens fossem representados na literatura apenas como amantes das mulheres, e nunca fossem amigos de homens, soldados, pensadores, sonhadores; como poucos papéis nas peças de Shakespeare poderiam ser atribuídos a eles; como a literatura sofreria! Talvez tivéssemos a maior parte do Otelo; e uma boa parte de Antônio; mas nenhum César, nenhum Brutus, nenhum Hamlet, nenhum Lear, nenhum Jaques - a literatura seria incrivelmente empobrecida, pois de fato a literatura é empobrecida além de nossa contagem pelas portas que foram fechadas sobre as mulheres. Casadas contra sua vontade, mantidas em um quarto, e a uma ocupação, como um dramaturgo poderia dar um relato completo ou interessante ou verdadeiro sobre elas? O amor era o único intérprete possível. O poeta era forçado a ser apaixonado ou amargo, a menos que de fato ele escolhesse "odiar as mulheres", o que significava, na maioria das vezes, que ele não era atrativo para elas.

Agora se Chloe gosta de Olivia e elas compartilham um laboratório, o que por si só tornará sua amizade mais variada e duradoura porque será menos pessoal; se Mary Carmichael sabe escrever, e eu estava começando a apreciar alguma qualidade em seu estilo; se ela tem um quarto só para ela, do qual não tenho certeza; se ela tem quinhentos por ano - mas isso ainda está por provar - então eu acho que algo de grande importância aconteceu.

Pois se Chloe gosta de Olivia e Mary Carmichael sabe como expressar isso, ela acenderá uma tocha naquela vasta câmara onde ainda ninguém esteve. É tudo meia luz e sombras profundas como aquelas cavernas de serpentina onde se vai com uma vela olhando para cima e para baixo, sem saber onde se está pisando. E comecei a ler o livro novamente, e li como Chloe viu Olivia colocar um frasco numa prateleira e dizer como era hora de voltar para casa para seus filhos. Essa é uma visão que nunca foi vista desde que o mundo começou, exclamei. E eu também assisti, muito curiosamente. Pois eu queria ver como Mary Carmichael se preparava para trabalhar para pegar aqueles gestos não gravados, aquelas palavras não ditas ou parcialmente ditas, que se formam, não mais palpavelmente do que as sombras das traças no teto, quando as mulheres estão sozinhas, não iluminadas pela luz caprichosa e colorida do outro sexo. Ela precisará suster a respiração, disse eu, lendo, se quiser fazê-lo; pois as mulheres são tão desconfiadas de qualquer interesse que não tem algum motivo óbvio por trás, tão terrivelmente acostumadas a esconder e reprimir, que estão fora da cintilação de um olho voltado observadamente em sua direção. A única maneira de fazer isso, pensei, dirigindo-se a Mary Carmichael como se ela estivesse ali, seria falar de outra coisa, olhando constantemente pela janela, e assim notar, não com um lápis em um caderno, mas no mais curto espaço de tempo, em palavras que ainda não são sílabas, o que acontece quando Olivia - este organismo que esteve sob a sombra da rocha durante estes milhões de anos - sente a luz cair sobre ela, e vê vindo em seu caminho um pedaço de comida estranha - conhecimento, aventura, arte. E ela se aproxima, pensei, novamente levantando os olhos da página, e tem que inventar uma combinação inteiramente nova de seus recursos, tão altamente desenvolvida para outros fins, de modo a absorver o novo no velho sem perturbar o equilíbrio infinitamente intrincado e elaborado do todo.

Mas, infelizmente, eu havia feito o que havia determinado não fazer; eu havia escorregado impensadamente para o elogio de meu próprio sexo. Altamente desenvolvido" - "infinitamente intrincado" - são inegavelmente termos de elogio, e elogiar o próprio sexo é sempre suspeito, muitas vezes bobo; além disso, neste caso, como se poderia justificá-lo? Não se podia ir ao mapa e dizer que Colombo descobriu a América e Colombo era uma mulher; ou pegar uma maçã e comentar, Newton descobriu as leis da gravitação e Newton era uma mulher; ou olhar para o céu e dizer que os aviões estão voando por cima e que os aviões foram inventados por mulheres. Não há nenhuma marca na parede para medir a altura exata das mulheres. Não há medidas de quintal, ordenadamente divididas em frações de uma polegada, que se possa colocar contra as qualidades de uma boa mãe ou a devoção de uma filha, ou a fidelidade de uma irmã, ou a capacidade de uma governanta. Poucas mulheres já foram graduadas nas universidades; as grandes provações das profissões, exército e marinha, comércio, política e diplomacia dificilmente as testaram. Elas permanecem, mesmo neste momento, quase não classificadas. Mas se eu quiser saber tudo o que um ser humano pode me dizer sobre Sir Hawley Butts, por exemplo, só tenho que abrir Burke ou Debrett e descobrirei que ele tirou tal e tal diploma; é dono de um salão; tem um herdeiro; foi Secretário de uma Diretoria; representou a Grã-Bretanha no Canadá; e recebeu um certo número de diplomas, escritórios, medalhas e outras distinções pelas quais seus méritos são carimbados de forma indelével. Somente a Providência pode saber mais sobre Sir Hawley Butts do que isso.

Quando, portanto, digo "altamente desenvolvida", "infinitamente intrincada" das mulheres, não consigo verificar minhas palavras nem em Whitaker, Debrett ou no Calendário Universitário. Nesta situação difícil, o que posso fazer? E olhei novamente para a estante de livros. Havia as biografias: Johnson e Goethe e Carlyle e Sterne e Cowper e Shelley e Voltaire e Browning e muitas outras. E comecei a pensar em todos aqueles grandes homens que por uma razão ou outra admiraram, procuraram, viveram, confiaram, fizeram amor, escreveram, confiaram e mostraram o que só pode ser descrito como alguma necessidade e dependência de certas pessoas do sexo oposto. Que todas estas relações eram absolutamente platônicas eu não afirmaria, e Sir William Joynson Hicks provavelmente negaria. Mas deveríamos enganar muito esses homens ilustres se insistíssemos que eles não obtiveram nada dessas alianças a não ser conforto, bajulação e os prazeres do corpo. O que eles conseguiram, é óbvio, foi algo que seu próprio sexo foi incapaz de fornecer; e não seria precipitado, talvez, defini-lo melhor, sem citar as palavras sem dúvida rapsódicas dos poetas, como algum estímulo; alguma renovação do poder criativo que está no dom apenas do sexo oposto para outorgar. Ele abriria a porta da sala de desenho ou da creche, pensei, e a encontraria talvez entre seus filhos, ou com um pedaço de bordado no joelho - de qualquer forma, o centro de alguma ordem e sistema de vida diferente, e o contraste entre este mundo e o seu próprio, que poderiam ser os tribunais ou a Câmara dos Comuns, refrescaria e revigoraria imediatamente; e haveria, mesmo na conversa mais simples, uma diferença de opinião tão natural que as ideias secas nele seriam fertilizadas de novo; e a visão dela criando em um meio diferente do seu próprio aceleraria tanto seu poder criativo que insensivelmente sua mente estéril começaria a tramar novamente, e ele encontraria a frase ou a cena que faltava quando colocava seu chapéu para visitá-la. Todo Johnson tem sua Thrale, e se apega a ela por algumas razões como estas, e quando a Thrale se casa com seu mestre de música italiano, Johnson fica meio louco de raiva e nojo, não apenas porque perderá suas noites agradáveis em Streatham, mas porque a luz de sua vida será "como se tivesse se apagado".

E sem ser o Dr. Johnson ou Goethe ou Carlyle ou Voltaire, pode-se sentir, embora muito diferente desses grandes homens, a natureza dessa complexidade e o poder dessa faculdade criativa altamente desenvolvida entre as mulheres. A pessoa vai para a sala - mas os recursos da língua inglesa seriam muito colocados no limite, e todo o lance de palavras precisaria desviar seu caminho de forma ilegítima para que uma mulher pudesse dizer o que acontece quando ela entra em uma sala. As salas diferem tão completamente; são calmas ou trovejantes; abertas para o mar, ou, ao contrário, cedem a um pátio de prisão; penduradas com roupas; ou vivas com opalas e sedas; são duras como crina de cavalo ou macias como penas - basta entrar em qualquer sala em qualquer rua para que toda essa força extremamente complexa da feminilidade voe no rosto. Como deveria ser de outra forma? Pois as mulheres já se sentaram dentro de casa todos esses milhões de anos, de modo que por esta época as próprias paredes estão permeadas por sua força criativa, que de fato sobrecarregou tanto a capacidade de tijolos e argamassa que precisa se aproveitar de canetas e escovas e de negócios e política. Mas este poder criativo difere muito do poder criativo dos homens. E é preciso concluir que seria mil lamentos se fosse impedido ou desperdiçado, pois foi conquistado por séculos da mais drástica disciplina, e não há nada para tomar seu lugar. Seria mil lamentos se as mulheres escrevessem como homens, ou vivessem como homens, ou parecessem homens, pois se dois sexos são bastante inadequados, considerando a vastidão e a variedade do mundo, como devemos conseguir com um só? Não deveria a educação trazer à tona e fortificar as diferenças ao invés das semelhanças? Pois temos demasiada semelhança, e se um explorador voltasse e trouxesse notícias de outros sexos olhando através dos galhos de outras árvores para outros céus, nada seria de maior utilidade para a humanidade; e deveríamos ter o imenso prazer de ver o Professor X se apressar para que suas varas mensuradoras provem ser "superiores".

Mary Carmichael, pensei, ainda pairando a uma pequena distância acima da página, terá seu trabalho recortado para ela meramente como observadora. Temo que ela se sinta tentada a se tornar, o que eu acho o ramo menos interessante da espécie - o naturalista-novelista, e não o contemplativo. Há tantos fatos novos a serem observados por ela. Ela não precisará mais se limitar às respeitáveis casas da classe média alta. Ela irá sem gentileza ou condescendência, mas no espírito de companheirismo, para aquelas pequenas e perfumadas salas onde se sentam a cortesã, a meretriz e a senhora com o cachorro pug. Lá eles ainda se sentam nas roupas ásperas e prontas que o escritor macho teve forçosamente para bater palmas em seus ombros. Mas Mary Carmichael terá suas tesouras para fora e as colocará perto de cada buraco e ângulo. Será uma visão curiosa, quando chegar o momento, ver essas mulheres como elas são, mas devemos esperar um pouco, pois Mary Carmichael ainda estará sobrecarregada com essa autoconsciência na presença do "pecado" que é o legado de nossa barbárie sexual. Ela ainda usará as velhas grilhetas da classe em seus pés.

No entanto, a maioria das mulheres não são prostitutas nem cortesãs; nem se sentam a abraçar cachorros pug para apertar o veludo empoeirado durante toda a tarde de verão. Mas o que elas fazem então? e me veio à mente uma daquelas longas ruas em algum lugar ao sul do rio cujas filas infinitas são inumeravelmente povoadas. Com o olhar da imaginação, vi uma senhora muito idosa cruzando a rua no braço de uma mulher de meia-idade, sua filha, talvez, ambas tão respeitosamente engatadas e enrugadas que seu curativo à tarde deve ser um ritual, e as próprias roupas guardadas em armários com cânfora, ano após ano, durante os meses de verão. Elas atravessam a estrada quando as lâmpadas estão sendo acesas (pois o anoitecer é sua hora favorita), como devem ter feito ano após ano. A mais velha está perto dos oitenta; mas se alguém lhe perguntasse o que sua vida significou para ela, ela diria que se lembrava das ruas iluminadas para a batalha de Balaclava, ou tinha ouvido os tiros no Hyde Park para o nascimento do rei Eduardo VII. E se alguém lhe perguntasse, desejando fixar o momento com data e época, mas o que estava fazendo no dia 5 de abril de 1868, ou no dia 2 de novembro de 1875, ela pareceria vaga e diria que não se lembrava de nada. Pois todos os jantares são cozinhados; os pratos e os copos lavados; as crianças enviadas para a escola e saíram para o mundo. Nada resta de tudo isso. Tudo desapareceu. Nenhuma biografia ou história tem uma palavra a dizer a esse respeito. E os romances, sem querer, inevitavelmente mentem.

Todas essas vidas infinitamente obscuras permanecem para serem registradas, disse eu, dirigindo-se a Mary Carmichael como se ela estivesse presente; e continuou em pensamento pelas ruas de Londres sentindo na imaginação a pressão da burrice, o acúmulo de vida não registrada, seja das mulheres nas esquinas das ruas com seus braços ativos, e os anéis embutidos em seus dedos gordurosos inchados, falando com uma gesticulação como o balanço das palavras de Shakespeare; ou dos vendedores de violetas e fósforos e velhas caixas estacionadas sob as portas; ou das garotas à deriva cujos rostos, como ondas no sol e nuvens, sinalizam a vinda de homens e mulheres e as luzes cintilantes das vitrines das lojas. Tudo o que você terá que explorar, eu disse a Mary Carmichael, segurando sua tocha firme na mão. Acima de tudo, você deve iluminar sua própria alma com suas profundezas e seus rasgos, e suas vaidades e suas generosidades, e dizer o que sua beleza significa para você ou sua simplicidade, e qual é sua relação com o mundo sempre mutante e giratório de luvas e sapatos e coisas que balançam para cima e para baixo entre os odores fracos que vêm através de frascos de químicos para baixo, arcadas de material de vestuário sobre um chão de pseudo-mármore. Pois na imaginação eu tinha ido a uma loja; ela foi colocada com calçamento preto e branco; foi pendurada, surpreendentemente bonita, com fitas coloridas. Mary Carmichael poderia muito bem dar uma olhada nisso de passagem, pensei, pois é uma visão que se prestaria à caneta tão bem quanto qualquer pico nevado ou desfiladeiro rochoso nos Andes. E há também a garota atrás do balcão - eu teria sua verdadeira história tão cedo quanto a centésima quinquagésima vida de Napoleão ou o sétimo estudo de Keats e seu uso da inversão Miltônica que o velho professor Z e seus semelhantes estão agora indiciando. E então eu continuei muito cautelosa, na ponta dos meus dedos dos pés (sou tão covarde, tenho tanto medo da chicotada que uma vez quase fui colocada sobre meus próprios ombros), para murmurar que ela também deveria aprender a rir, sem amarguras, das vaidades - dizer antes das peculiaridades, pois é uma palavra menos ofensiva - do outro sexo. Pois há uma mancha do tamanho de um xelim na parte de trás da cabeça que nunca se pode ver por si mesmo. É um dos bons ofícios que o sexo pode descarregar para o sexo - para descrever esse ponto do tamanho de um xelim na parte de trás da cabeça. Pense no quanto as mulheres têm lucrado com os comentários de Juvenal; com as críticas de Strindberg. Pense com o que a humanidade e os homens brilhantes, desde a mais tenra idade, têm apontado às mulheres aquele lugar escuro na parte de trás da cabeça! E se Maria fosse muito corajosa e muito honesta, ela iria atrás do outro sexo e nos diria o que encontrou lá. Um quadro verdadeiro do homem como um todo nunca pode ser pintado até que uma mulher tenha descrito aquela mancha do tamanho de um xelim. O Sr. Woodhouse e o Sr. Casuabon são manchas desse tamanho e dessa natureza. Não é claro que alguém em seus sentidos a aconselharia a resistir ao escárnio e ao ridículo do propósito estabelecido - a literatura mostra a futilidade do que está escrito nesse espírito. Seja sincero, pode-se dizer, e o resultado será surpreendentemente interessante. A comédia é destinada a ser enriquecida. Novos fatos estão destinados a serem descobertos.

Entretanto, já era hora de baixar os olhos para a página novamente. Seria melhor, ao invés de especular o que Mary Carmichael poderia e deveria escrever, ver o que de fato Mary Carmichael escreveu. Então, comecei a ler novamente. Lembrei-me de que eu tinha certas queixas contra ela. Ela havia quebrado a sentença de Jane Austen e, assim, não me deu nenhuma chance de me afundar no meu gosto impecável, no meu ouvido fastidioso. Pois era inútil dizer: "Sim, sim, isto é muito bonito; mas Jane Austen escreveu muito melhor que você", quando tive que admitir que não havia nenhum ponto de semelhança entre eles. Então ela tinha ido mais longe e quebrado a seqüência - a ordem esperada. Talvez ela tivesse feito isto inconscientemente, meramente dando às coisas sua ordem natural, como uma mulher faria, se ela escrevesse como uma mulher. Mas o efeito era de alguma forma desconcertante; não se podia ver uma onda se amontoando, uma crise chegando na próxima esquina. Portanto, eu também não podia me afundar na profundidade de meus sentimentos e em meu profundo conhecimento do coração humano. Pois sempre que eu estava prestes a sentir as coisas habituais nos lugares habituais, sobre o amor, sobre a morte, a criatura irritante me torcia, como se o ponto importante fosse apenas um pouco mais adiante. E assim ela tornou impossível para mim lançar minhas frases sonoras sobre "sentimentos elementares", "coisas comuns da humanidade", "as profundezas do coração humano", e todas aquelas outras frases que nos sustentam em nossa crença de que, por mais espertos que sejamos no topo, somos muito sérios, muito profundos e muito humanos por baixo. Ela me fez sentir, ao contrário, que ao invés de ser sério e profundo e humano, poderíamos ser - e o pensamento era muito menos sedutor - de mente preguiçosa e convencional na barganha.

Mas eu li e anotei alguns outros fatos. Ela não era um "gênio" evidente. Ela não tinha nada como o amor à natureza, a imaginação ardente, a poesia selvagem, a inteligência brilhante, a sabedoria inquietante de suas grandes predecessoras, Lady Winchilsea, Charlotte Brontë, Emily Brontë, Jane Austen e George Eliot; ela não podia escrever com a melodia e a dignidade de Dorothy Osborne - de fato ela não era mais do que uma garota inteligente cujos livros serão sem dúvida puxados pelas editoras dentro de dez anos. Mas, no entanto, ela tinha certas vantagens que faltavam às mulheres de muito maior dom, mesmo há meio século. Os homens não eram mais para ela "a facção oposta"; ela não precisava mais perder seu tempo cercando-os; ela não precisava mais subir no telhado e arruinar sua paz de espírito ansiosa por viagens, experiência e um conhecimento do mundo e do caráter que lhe eram negados. O medo e o ódio quase desapareceram, ou vestígios deles se mostraram apenas em um leve exagero da alegria da liberdade, uma tendência ao cáustico e satírico, ao invés do romântico, em seu tratamento do outro sexo. Então não poderia haver dúvidas de que, como romancista, ela desfrutava de algumas vantagens naturais de uma ordem elevada. Ela tinha uma sensibilidade que era muito ampla, ansiosa e livre. Ela respondia a um toque quase imperceptível sobre ela. Ela festejava como uma planta recém-inaugurada em cada vista e som que aparecia no ar. Tocava, também, muito sutil e curiosamente, entre coisas quase desconhecidas ou não gravadas; acendia em pequenas coisas e mostrava que talvez não fossem pequenas afinal de contas. Trouxe à luz coisas enterradas e fez pensar na necessidade de enterrá-las. Por mais constrangedora que fosse e sem o suporte inconsciente de longa descendência que faz a menor curva da caneta de um Thackeray ou um Cordeiro delicioso ao ouvido, ela tinha - comecei a pensar - dominado a primeira grande lição; ela escreveu como uma mulher, mas como uma mulher que esqueceu que é uma mulher, de modo que suas páginas estavam cheias daquela qualidade sexual curiosa que só vem quando o sexo é inconsciente de si mesmo.

Tudo isso foi para o bem. Mas nenhuma abundância de sensação ou delicadeza de percepção teria utilidade, a menos que ela pudesse construir a partir do efêmero e pessoal edifício duradouro que permanece intacto. Eu havia dito que esperaria até que ela se deparasse com "uma situação". E eu quis dizer com isso até que ela provasse, convocando, acenando e reunindo-se, que não era uma escumadeira de superfícies meramente, mas que tinha olhado para o fundo do poço. Agora é a hora, ela diria a si mesma em um certo momento, quando sem fazer nada de violento eu posso mostrar o significado de tudo isso. E ela começaria - como é inconfundível - a acelerar e a convocar, e levantar-se-ia na memória, meio esquecida, talvez coisas bastante triviais em outros capítulos deixados pelo caminho. E ela faria sentir sua presença enquanto alguém costurava ou fumava um cachimbo o mais naturalmente possível, e se sentiria, ao continuar escrevendo, como se alguém tivesse ido ao topo do mundo e o tivesse visto estendido, muito majestosamente, por baixo.

Em todo caso, ela estava fazendo a tentativa. E enquanto eu a observava alongando-se para o teste, eu vi, mas esperava que ela não visse, os bispos e os decanos, os médicos e os professores, os patriarcas e os pedagogos, todos a seu grito de advertência e conselho. Não se pode fazer isto e não se deve fazer aquilo! Companheiros e estudiosos só são permitidos na grama! Senhoras não são admitidas sem uma carta de apresentação! Assim, as aspirantes e graciosas romancistas femininas! Então, elas a mantiveram como a multidão em uma cerca no hipódromo, e foi seu julgamento tomar sua cerca sem olhar para a direita ou para a esquerda. Se você parar para amaldiçoar você está perdido, eu disse a ela; igualmente, se você parar para rir. Hesite ou atrapalhe e você está acabada. Pense apenas no salto, eu a implorei, como se tivesse colocado todo o meu dinheiro nas costas dela; e ela passou por cima dela como um pássaro. Mas havia uma cerca para além disso e uma cerca para além disso. Se ela tinha o poder de permanecer, eu duvidava, pois os aplausos e o choro estavam se desgastando até os nervos. Mas ela fez o seu melhor. Considerando que Mary Carmichael não era um gênio, mas uma menina desconhecida escrevendo seu primeiro romance em um quarto de dormir, sem o suficiente daquelas coisas desejáveis, tempo, dinheiro e ociosidade, ela não fez tão mal, eu pensei.

Dê-lhe mais cem anos, concluí, lendo o último capítulo - os narizes e os ombros nus das pessoas mostrados nus contra um céu estrelado, pois alguém tinha torcido a cortina na sala de visitas - dê-lhe um quarto próprio e quinhentos por ano, deixe-a falar o que pensa e deixe de fora metade do que ela agora coloca, e ela escreverá um livro melhor ainda um dia destes. Ela será uma poetisa, disse eu, pondo a LIFE'S ADVENTURE, de Mary Carmichael, no final da prateleira, daqui a mais cem anos.

SEIS

No dia seguinte, a luz da manhã de outubro estava caindo em poços empoeirados através das janelas não cortadas, e o zumbido do trânsito subiu da rua. Londres então estava se enrolando novamente; a fábrica estava agitada; as máquinas estavam começando. Foi tentador, após toda esta leitura, olhar pela janela e ver o que Londres estava fazendo na manhã do dia 26 de outubro de 1928. E o que Londres estava fazendo? Ninguém, ao que parecia, estava lendo ANTONY AND CLEOPATRA. Londres era totalmente indiferente, ao que parecia, às peças de Shakespeare. Ninguém se importava - e eu não os culpo - com o futuro da ficção, a morte da poesia ou o desenvolvimento pela mulher comum de um estilo de prosa completamente expressivo de sua mente. Se as opiniões sobre qualquer um destes assuntos tivesse sido afixadas na calçada, ninguém teria se abaixado para lê-las. A indiferença dos pés apressados os teria esfregado em meia hora. Aqui veio um moço de recados; aqui uma mulher com um cachorro sobre uma pista. O fascínio da rua londrina é que nunca duas pessoas são parecidas; cada uma parece ligada a algum assunto particular de sua própria vida. Havia o tipo de negócio, com suas pequenas sacolinhas; havia os andarilhos a chocalharem em cima das grades da área; havia personagens afáveis aos quais as ruas serviam de salão de festas, saudando os homens em carrinhos e dando informações sem serem solicitados. Também havia funerais aos quais os homens, assim lembrados de repente da morte de seus próprios corpos, levantavam seus chapéus. E então um cavalheiro muito distinto desceu lentamente uma porta e fez uma pausa para evitar a colisão com uma senhora agitada que, de uma forma ou de outra, havia adquirido um esplêndido casaco de pele e um monte de violetas de Parma. Todos eles pareciam separados, egocêntricos, em negócios próprios.

Neste momento, como tantas vezes acontece em Londres, houve uma completa pausa e suspensão do tráfego. Nada descia a rua; ninguém passava. Uma única folha se desprendeu do plátano no final da rua, e nessa pausa e suspensão aconteceu uma queda. De alguma forma era como um sinal caindo, um sinal que apontava para uma força em coisas que se tinha negligenciado. Parecia apontar para um rio, que passava, invisivelmente, pela esquina, descendo a rua, e levava as pessoas e as fazia morrer, pois o riacho de Oxbridge havia levado a graduação em seu barco e as folhas mortas. Agora trazia de um lado da rua para o outro diagonalmente uma garota com botas de couro envernizado, e depois um jovem com um sobretudo castanho; trazia também uma cabine de táxi; e reunia os três num ponto diretamente abaixo da minha janela; onde o táxi parou; e a garota e o jovem pararam; e eles entraram no táxi; e então o táxi deslizou como se fosse arrastado pela correnteza para outro lugar.

A visão era bastante comum; o que era estranho era a ordem rítmica com que minha imaginação a tinha investido; e o fato de que a visão comum de duas pessoas entrando em um táxi tinha o poder de comunicar algo de sua própria aparente satisfação. A visão de duas pessoas descendo a rua e se encontrando na esquina parece aliviar a mente de alguma tensão, pensei, vendo o táxi virar e sair. Talvez pensar, como eu tinha pensado nestes dois dias, de um sexo como diferente do outro seja um esforço. Isso interfere com a unidade da mente. Agora esse esforço havia cessado e essa unidade havia sido restaurada ao ver duas pessoas se reunindo e entrando em um táxi. A mente é certamente um órgão muito misterioso, refleti, atraindo minha cabeça da janela, sobre o qual nada se sabe, embora dependamos dela tão completamente. Por que sinto que há rupturas e oposições na mente, já que há tensões de causas óbvias no corpo? O que se quer dizer com "a unidade da mente"? Eu ponderei, pois claramente a mente tem um poder tão grande de concentração a qualquer momento que parece não ter um único estado de ser. Ela pode se separar das pessoas na rua, por exemplo, e pensar em si mesma como se estivesse separada delas, em uma janela superior olhando para baixo. Ou pode pensar com outras pessoas espontaneamente, como, por exemplo, em uma multidão esperando para ouvir alguma notícia lida. Ela pode pensar através de seus pais ou através de suas mães, como já disse, uma mulher que escreve pensa através de suas mães. Mais uma vez, se alguém é uma mulher, muitas vezes se surpreende com uma súbita divisão de consciência, digamos, ao caminhar por Whitehall, quando de herança natural daquela civilização, ela se torna, ao contrário, fora dela, alienígena e crítica. Claramente, a mente está sempre alterando seu foco e trazendo o mundo para diferentes perspectivas. Mas alguns desses estados de espírito parecem, mesmo que adotados espontaneamente, ser menos confortáveis do que outros. A fim de manter a continuidade neles, a pessoa está inconscientemente retendo algo, e gradualmente a repressão se torna um esforço. Mas pode haver algum estado de espírito no qual se pode continuar sem esforço, pois nada é necessário para ser retido. E isto talvez, pensei, vindo da janela, é um deles. Pois certamente quando vi o casal entrar no táxi, a mente sentiu como se, depois de dividido, tivesse se reunido novamente em uma fusão natural. A razão óbvia seria que é natural que os sexos cooperem. A pessoa tem um instinto profundo, ainda que irracional, a favor da teoria de que a união do homem e da mulher proporciona a maior satisfação, a mais completa felicidade. Mas a visão das duas pessoas entrando no táxi e a satisfação que me deu me fez também perguntar se existem dois sexos na mente correspondentes aos dois sexos no corpo, e se eles também precisam estar unidos para obter satisfação e felicidade completas? E continuei amadoramente a esboçar um plano da alma para que em cada um de nós dois poderes presidissem, um masculino, um feminino; e no cérebro do homem o homem predomina sobre a mulher, e no cérebro da mulher a mulher predomina sobre o homem. O estado normal e confortável de ser é que quando os dois vivem em harmonia juntos, cooperando espiritualmente. Se um é homem, ainda a mulher parte de seu cérebro deve ter efeito; e uma mulher também deve ter relações sexuais com o homem que está nela. Coleridge talvez quisesse dizer isto quando disse que uma grande mente é andrógina. É quando esta fusão ocorre que a mente é totalmente fertilizada e usa todas as suas faculdades. Talvez uma mente que seja puramente masculina não possa criar, assim como uma mente que seja puramente feminina, eu pensei. Mas seria bom testar o que se entende por homem-mulher e, inversamente, por mulher-homem, fazendo uma pausa e olhando para um livro ou dois.

Coleridge certamente não quis dizer, quando ele disse que uma grande mente é andrógina, que é uma mente que tem qualquer simpatia especial pelas mulheres; uma mente que assume sua causa ou se dedica a sua interpretação. Talvez a mente andrógina seja menos apta a fazer essas distinções do que a mente monossexual. Ele quis dizer, talvez, que a mente andrógina é ressonante e porosa; que transmite emoção sem impedimentos; que é naturalmente criativa, incandescente e indivisa. De fato, volta-se à mente de Shakespeare como o tipo da mente andrógina, da mente homem-mulher, embora fosse impossível dizer o que Shakespeare pensava das mulheres. E se for verdade que é um dos sinais da mente plenamente desenvolvida que não pensa especialmente ou separadamente no sexo, quanto mais difícil do que nunca é atingir essa condição agora do que antes. Aqui cheguei aos livros por escritores vivos, e ali fiz uma pausa e me perguntei se este fato não estaria na raiz de algo que há muito me intrigou. Nenhuma idade pode ter sido tão estridentemente consciente do sexo como a nossa; aqueles inúmeros livros de homens sobre mulheres no Museu Britânico são uma prova disso. A campanha do sufrágio foi sem dúvida a culpada. Ela deve ter despertado nos homens um desejo extraordinário de auto-afirmação; deve tê-los feito colocar ênfase em seu próprio sexo e em suas características, nas quais eles não teriam se preocupado se não tivessem sido desafiados. E quando alguém é desafiado, mesmo por algumas mulheres com capotas pretas, retalia, se nunca foi desafiado antes, um pouco excessivamente. Isso talvez seja responsável por algumas das características que me lembro de ter encontrado aqui, pensei, tirando um novo romance do Sr. A, que está no auge da vida e muito bem pensado, aparentemente, pelos revisores. Eu o abri. De fato, foi encantador ler novamente os escritos de um homem. Foi tão direto, tão claro após a escrita das mulheres. Indicava tanta liberdade de espírito, tanta liberdade de pessoa, tanta confiança em si mesmo. Tinha-se uma sensação de bem-estar físico na presença desta mente bem nutrida, bem educada, livre, que nunca havia sido frustrada ou oposta, mas que tinha tido plena liberdade desde o nascimento para se esticar da maneira que quisesse. Tudo isso era admirável. Mas depois de ler um capítulo ou dois, uma sombra parecia jazer sobre a página. Era uma barra escura reta, uma sombra em forma de algo como a letra "I". Começou-se a esquivar-se desta forma e aquela para vislumbrar a paisagem por trás dela. Se aquilo era de fato uma árvore ou uma mulher caminhando, eu não estava bem certa. Aquele de trás era sempre saudado pela letra "eu". A pessoa começou a ficar cansada do "eu". Não, mas o que esse "eu" era um "eu" muito respeitável; honesto e lógico; tão duro quanto uma noz, e polido durante séculos por um bom ensino e uma boa alimentação. Eu respeito e admiro esse "eu" do fundo do meu coração. Mas - em nenhum lugar eu virei uma página ou duas, procurando por algo ou outro - o pior de tudo é que na sombra da letra 'eu' tudo é disforme como névoa. Isso é uma árvore? Não, é uma mulher. Mas... ela não tem um osso em seu corpo, pensei, observando Phoebe, pois esse era seu nome, atravessando a praia. Então Alan se levantou e a sombra de Alan obliterou imediatamente a Phoebe. Pois Alan tinha vistas e Phoebe foi saciada com a inundação de suas vistas. E então Alan, pensei, tem paixões; e aqui eu virei página após página muito rápido, sentindo que a crise estava se aproximando, e assim foi. Aconteceu na praia, sob o sol. Foi feito de forma muito aberta. Foi feito com muito vigor. Nada poderia ter sido mais indecente. Mas...eu tinha dito "mas" com muita freqüência. Não se pode continuar a dizer "mas". É preciso terminar a frase de alguma forma, eu mesmo me repreendi. Devo terminá-la, 'Mas... estou entediada! Mas por que eu estava entediadA? Em parte por causa do domínio da palavra 'eu' e da aridez, que, como a faia gigante, ela se joga dentro de sua sombra. Nada crescerá ali. E, em parte, por alguma razão mais obscura. Parecia haver algum obstáculo, algum impedimento na mente do Sr. A que bloqueou a fonte de energia criativa e a escorou dentro de limites estreitos. E lembrando a festa do almoço em Oxbridge, e as cinzas dos cigarros e o gato Manx e Tennyson e Christina Rossetti, tudo em um grupo, parecia possível que o impedimento estivesse ali. Como ele não mais cantarola sob seu fôlego, "caiu uma lágrima esplêndida da flor-da-paixão no portão", quando Phoebe atravessa a praia, e ela não responde mais, "Meu coração é como um pássaro cantor cujo ninho está em um tiro d'água", quando Alan se aproxima do que ele pode fazer? Sendo honesto como o dia e lógico como o sol, só há uma coisa que ele pode fazer. E que ele faça, para fazer-lhe justiça, uma e outra vez (eu disse virando as páginas) e outra vez. E isso, acrescentei, consciente da natureza horrível da confissão, parece de alguma forma enfadonho. A indecência de Shakespeare enraíza mil outras coisas na mente de alguém, e está longe de ser monótona. Mas Shakespeare o faz por prazer; o Sr. A, como dizem as enfermeiras, o faz de propósito. Ele o faz em protesto. Ele protesta contra a igualdade do outro sexo, afirmando sua própria superioridade. Ele é, portanto, impedido e inibido e consciente como Shakespeare poderia ter sido se ele também tivesse conhecido a Srta. Clough e a Srta. Davies. Sem dúvida, a literatura elizabetana teria sido muito diferente do que é se o movimento feminino tivesse começado no século XVI e não no século XIX.

O que, então, equivale a, se esta teoria dos dois lados da mente é válida, é que a virilidade agora se tornou autoconsciente - ou seja, os homens, agora estão escrevendo apenas com o lado masculino de seus cérebros. É um erro uma mulher lê-los, pois ela inevitavelmente procurará por algo que não encontrará. É o poder da sugestão que mais se perde, pensei, levando o Sr. B o crítico na mão e lendo, com muito cuidado e muito apropriadamente, suas observações sobre a arte da poesia. Muito capazes, agudos e cheios de aprendizagem; mas o problema era que seus sentimentos não mais se comunicavam; sua mente parecia separada em diferentes salas; não um som carregado de um para o outro. Assim, quando se leva uma frase do Sr. B na mente, ela cai no chão - morta; mas quando se leva uma frase de Coleridge na mente, ela explode e dá origem a todo tipo de outras ideias, e esse é o único tipo de escrita da qual se pode dizer que tem o segredo da vida eterna.

Mas seja qual for o motivo, é um fato que se deve lamentar. Pois isso significa - onde quer que eu tenha chegado a filas de livros do Sr. Galsworthy e do Sr. Kipling - que algumas das melhores obras de nossos maiores escritores vivos caem em ouvidos moucos. Faça o que uma mulher não pode encontrar neles aquela fonte de vida eterna que os críticos asseguram que existe. Não é apenas que eles celebrem as virtudes masculinas, imponham valores masculinos e descrevam o mundo dos homens; é que a emoção com que estes livros são permeados é para uma mulher incompreensível. Ela está chegando, está se reunindo, está prestes a estourar na cabeça, começa-se a dizer muito antes do fim. Essa imagem cairá sobre a cabeça do velho Jolyon; ele morrerá do choque; o velho escrivão falará sobre ele duas ou três palavras obituárias; e todos os cisnes do Thames irão simultaneamente estourar cantando. Mas se apressará antes que isso aconteça e se esconderá nos arbustos de groselha, pela emoção que é tão profunda, tão sutil, tão simbólica para um homem que move uma mulher a se perguntar. Assim, com os oficiais do Sr. Kipling que viram as costas; e seus Semeadores que semeiam a Semente; e seus Homens que estão sozinhos com seu Trabalho; e a Bandeira - uma cora em todas estas letras maiúsculas como se alguém tivesse sido pego escutando em alguma orgia puramente masculina. O fato é que nem o Sr. Galsworthy nem o Sr. Kipling têm uma centelha da mulher nele. Assim, todas as suas qualidades parecem para uma mulher, se é que se pode generalizar, grosseiras e imaturas. Falta-lhes um poder sugestivo. E quando um livro carece de poder sugestivo, por mais duro que ele atinja a superfície da mente, ele não pode penetrar em seu interior.

E nesse clima de inquietação em que se tira os livros e os coloca de volta sem olhar para eles, comecei a imaginar uma era para vir de pura virilidade, de virilidade auto-afirmativa, como as cartas dos professores (vejam as cartas de Sir Walter Raleigh, por exemplo) parecem pressagiar, e os governantes da Itália já criaram. Pois não se pode deixar de se impressionar em Roma pelo senso de masculinidade não mitigada; e qualquer que seja o valor da masculinidade não mitigada sobre o estado, pode-se questionar o efeito dela sobre a arte da poesia. De qualquer forma, de acordo com os jornais, há uma certa ansiedade sobre a ficção na Itália. Houve uma reunião de acadêmicos cujo objetivo é "desenvolver o romance italiano". Homens famosos por nascimento, ou nas finanças, na indústria ou nas corporações fascistas" se reuniram no outro dia e discutiram o assunto, e um telegrama foi enviado ao Duce expressando a esperança "de que a era fascista daria logo à luz um poeta digno dela". Todos nós podemos nos unir a essa esperança piedosa, mas é duvidoso que a poesia possa vir de uma incubadora. A poesia deve ter uma mãe e um pai. O poema fascista, pode-se temer, será um abortozinho horrível como se vê em um frasco de vidro no museu de alguma cidade do condado. Diz-se que tais monstros nunca vivem muito tempo; nunca se viu um prodígio desse tipo plantando grama em um campo. Duas cabeças em um só corpo não fazem durar a vida.

No entanto, a culpa por tudo isso, se uma pessoa está ansiosa para lançar a culpa, não repousa mais sobre um sexo do que sobre o outro. Todos os sedutores e reformadores são responsáveis: Lady Bessborough quando mentiu a Lord Granville; Miss Davies quando disse a verdade ao Sr. Greg. A culpa é de todos os que trouxeram um estado de consciência sexual, e são eles que me levam, quando eu quero esticar minhas faculdades sobre um livro, a buscá-lo naquela era feliz, antes que a senhorita Davies e a senhorita Clough nascessem, quando o escritor usou os dois lados de sua mente igualmente. É preciso voltar a Shakespeare então, pois Shakespeare era andrógino; assim como Keats e Sterne e Cowper e Lamb e Coleridge. Shelley talvez não tivesse sexo. Milton e Ben Jonson tinham um traço a mais do macho neles. Assim como

Wordsworth e Tolstoi. Em nosso tempo, Proust era totalmente andrógino, se não talvez um pouco demais de uma mulher. Mas essa falha é muito rara para se queixar disso, pois sem alguma mistura do tipo que o intelecto parece predominar e as outras faculdades da mente endurecem e se tornam estéreis. Entretanto, consolo-me com a reflexão de que esta talvez seja uma fase passageira; muito do que eu disse em obediência à minha promessa de dar-lhe o curso de meus pensamentos parecerá ultrapassado; muito do que as chamas em meus olhos parecerão duvidosas para você que ainda não atingiu a maioridade.

Mesmo assim, a primeira frase que eu escrevia aqui, eu disse, atravessando para a mesa de redação e pegando a página com o título Mulheres e Ficção, é que é fatal para qualquer um que escreve pensar em seu sexo. É fatal ser homem ou mulher pura e simplesmente; é preciso ser mulher-homem ou homem-mulher. É fatal para uma mulher colocar o mínimo de ênfase em qualquer reclamação; alegar até mesmo com justiça qualquer causa; de qualquer forma, falar conscientemente como mulher. E fatal não é nenhuma figura de linguagem; pois qualquer coisa escrita com esse preconceito consciente está condenada à morte. Deixa de ser fertilizado. Brilhante e eficaz, poderosa e magistral, como pode parecer por um dia ou dois, deve murchar ao cair da noite; não pode crescer na mente dos outros. Alguma colaboração tem que ocorrer na mente entre a mulher e o homem antes que a arte da criação possa ser realizada. Algum casamento de opostos tem que ser consumado. A mente inteira deve estar bem aberta se quisermos ter a sensação de que o escritor está comunicando sua experiência com plenitude perfeita. Deve haver liberdade e deve haver paz. Nem uma roda deve ranger, nem um leve lampejo. As cortinas devem estar bem fechadas. O escritor, pensei, uma vez terminada sua experiência, deve recostar-se e deixar sua mente celebrar suas núpcias na escuridão. Ele não deve olhar ou questionar o que está sendo feito. Ao contrário, ele deve arrancar as pétalas de uma rosa ou ver os cisnes flutuando calmamente rio abaixo. E eu vi novamente a corrente que levou o barco e o bacharelado e as folhas mortas; e o táxi levou o homem e a mulher, pensei, ao vê-los juntos do outro lado da rua, e a corrente os varreu, pensei, ouvindo longe o barulho do tráfego de Londres, para aquele tremendo riacho.

Aqui, então, Mary Beton deixa de falar. Ela lhe disse como chegou à conclusão - a conclusão prosaica - de que é necessário ter quinhentos por ano e uma sala com fechadura na porta se você quiser escrever ficção ou poesia. Ela tentou pôr a nu os pensamentos e impressões que a levaram a pensar assim. Ela pediu que você a seguisse voando nos braços de um Beadle, almoçando aqui, jantando ali, fazendo desenhos no Museu Britânico, tirando livros da prateleira, olhando pela janela. Enquanto ela tem feito todas essas coisas, sem dúvida você tem observado suas falhas e suas fraquezas e decidido que efeito elas tiveram em suas opiniões. Você tem estado contradizendo-a e fazendo quaisquer adições e deduções que lhe pareçam boas. Tudo isso é como deveria ser, pois em uma questão como esta, a verdade só pode ser obtida através da junção de muitas variedades de erros. E terminarei agora em minha própria pessoa, antecipando duas críticas, tão óbvias que você não pode deixar de fazê-las.

Nenhuma opinião foi expressa, você pode dizer, sobre os méritos comparativos dos sexos, mesmo como escritores. Isso foi feito de propósito, porque, mesmo que tivesse chegado o momento de tal avaliação - e é muito mais importante no momento saber quanto dinheiro as mulheres tinham e quantas salas do que teorizar sobre suas capacidades - mesmo que tivesse chegado o momento, não acredito que os presentes, sejam de mente ou caráter, possam ser pesados como açúcar e manteiga, nem mesmo em Cambridge, onde elas são tão hábeis em colocar as pessoas nas aulas e fixar chapéus na cabeça e letras depois de seus nomes. Não acredito que nem mesmo a Tabela de Precedência que você encontrará no ALMANAC de Whitaker represente uma ordem final de valores, ou que haja alguma razão sólida para supor que um Comandante do Banho acabará entrando para jantar atrás de um Mestre em Lunacy. Todo este pitting de sexo contra sexo, de qualidade contra qualidade; toda esta reivindicação de superioridade e imputação de inferioridade, pertence à fase privada-escolar da existência humana onde há "lados", e é necessário que um lado bata no outro, e da maior importância caminhar até uma plataforma e receber das mãos do próprio Diretor um pote altamente ornamental. À medida que as pessoas amadurecem, elas deixam de acreditar em lados ou em Headmasters ou em potes altamente ornamentais. De qualquer forma, no que diz respeito aos livros, é notoriamente difícil fixar etiquetas de mérito de tal forma que elas não saiam. As revisões da literatura atual não são uma ilustração perpétua da dificuldade de julgamento? Este grande livro", "este livro sem valor", o mesmo livro é chamado pelos dois nomes. O elogio e a culpa não significam nada. Não, por mais encantador que seja o passatempo da medição, é a mais fútil de todas as ocupações, e submeter aos decretos dos medidores as atitudes mais servis. Desde que você escreva o que deseja escrever, isso é tudo o que importa; e se isso importa por idades ou apenas por horas, ninguém pode dizer. Mas sacrificar um cabelo da cabeça de sua visão, uma tonalidade de sua cor, em deferência a algum diretor com um vaso de prata na mão ou a algum professor com uma vara de medir na manga, é a traição mais abjeta, e o sacrifício de riqueza e castidade que costumava ser dito ser o maior dos desastres humanos, uma mera mordida de pulgas em comparação.

Em seguida, acho que você pode objetar que em tudo isso eu fiz muito da importância das coisas materiais. Mesmo permitindo uma margem generosa para o simbolismo, que quinhentos por ano representa o poder de contemplar, que uma fechadura na porta significa o poder de pensar por si mesmo, ainda assim você pode dizer que a mente deve se elevar acima de tais coisas; e que os grandes poetas têm sido muitas vezes homens pobres. Deixe-me então citar-lhes as palavras de seu próprio professor de literatura, que sabe melhor do que eu o que vai fazer um poeta. Sir Arthur Quiller-Couch escreve:'. A ARTE DE ESCREVER, de Sir Arthur Quiller-Couch].

Quais são os grandes nomes poéticos dos últimos cem anos

ou assim? Coleridge, Wordsworth, Byron, Shelley, Landor, Keats, Tennyson, Browning, Arnold, Morris, Rossetti, Swinburne... podemos parar por aí. Destes, todos menos Keats, Browning, Rossetti eram homens universitários, e destes três, Keats, que morreu jovem, cortado em seu auge, foi o único a não fazer muito bem. Pode parecer uma coisa brutal de se dizer, e é uma coisa triste de se dizer: mas, como um fato duro, a teoria de que a genialidade poética sopra onde quer que seja, e igualmente nos pobres e ricos, guarda pouca verdade. Como um fato duro, nove desses doze eram homens universitários: o que significa que de uma forma ou de outra eles adquiriram os meios para obter a melhor educação que a Inglaterra pode dar. Como um fato difícil, dos três restantes, você sabe que Browning foi bem feito, e desafio você que, se ele não tivesse sido bem feito, ele não teria conseguido mais escrever SAUL ou THE RING AND THE BOOK do que Ruskin teria conseguido escrever MODERN PAINTERS, se seu pai não tivesse lidado prosperamente nos negócios. Rossetti tinha uma pequena renda privada; e, além disso, pintava. Restam apenas Keats; a quem Atropos matou jovem, como matou John Clare em uma casa de loucos, e James Thomson pelo laudano que ele levou à desilusão das drogas. Estes são fatos terríveis, mas vamos enfrentá-los. É certo que, por alguma falha em nossa comunidade, o pobre poeta não tem hoje em dia, nem teve por duzentos anos, a chance de um cão. Acredite em mim - e eu passei grande parte de dez anos observando cerca de trezentas e vinte escolas primárias, podemos rezar pela democracia, mas na verdade, uma criança pobre na Inglaterra tem pouco mais esperança do que teve o filho de um escravo ateniense para se emancipar naquela liberdade intelectual da qual nascem grandes escrituras".

Ninguém poderia colocar a questão de forma mais clara. "O pobre poeta não tem nestes dias, nem teve durante duzentos anos, a chance de um cão... uma criança pobre na Inglaterra tem pouco mais esperança do que teve o filho de um escravo ateniense para se emancipar naquela liberdade intelectual da qual nascem grandes escritos". É isso aí. A liberdade intelectual depende de coisas materiais. A poesia depende da liberdade intelectual. E as mulheres sempre foram pobres, não apenas por duzentos anos, mas desde o início dos tempos. As mulheres tiveram menos liberdade intelectual do que os filhos dos escravos atenienses. As mulheres, portanto, não tiveram a chance de escrever poesia. É por isso que tenho dado tanta importância ao dinheiro e a um quarto próprio. No entanto, graças aos labores daquelas mulheres obscuras do passado, das quais eu gostaria de saber mais, graças, curiosamente, a duas guerras, a criminosa que deixou Florence Nightingale sair de sua sala de desenho, e a Guerra Européia que abriu as portas para a mulher média uns sessenta anos depois, estes males estão no caminho para serem melhorados. Caso contrário, você não estaria aqui esta noite, e sua chance de ganhar quinhentas libras por ano, por mais precária que eu temo que ainda seja, seria ínfima no extremo.

Ainda assim, você pode objetar, por que você atribui tanta importância a esta escrita de livros por mulheres quando, segundo você, ela requer tanto esforço, talvez leve ao assassinato de suas tias, fará com que uma delas se atrase quase certamente para o almoço, e pode levar a uma disputa muito grave com certos companheiros muito bons? Meus motivos, deixe-me admitir, são em parte egoístas. Como a maioria das inglesas incultas, eu gosto de ler, gosto de ler livros em massa. Ultimamente minha dieta tornou-se um pouco monótona; a história é muito sobre guerras; a biografia muito sobre grandes homens; a poesia tem mostrado, penso eu, uma tendência à esterilidade e à ficção, mas já expus suficientemente minhas deficiências como crítica da ficção moderna e não direi mais nada sobre ela. Portanto, peço que escrevam todos os tipos de livros, hesitando em nenhum assunto por mais trivial ou vasto que seja. Por gancho ou por vigarista, espero que vocês possuam dinheiro suficiente para viajar e permanecer ociosos, para contemplar o futuro ou o passado do mundo, para sonhar com livros e vagabundear nas esquinas das ruas e deixar a linha de pensamento mergulhar profundamente na correnteza. Pois eu não estou de forma alguma confinando vocês à ficção. Se você quiser me agradar - e há milhares como eu - você escreveria livros de viagem e aventura, e pesquisa e bolsas de estudo, e história e biografia, e crítica e filosofia e ciência. Ao fazer isso você certamente lucrará com a arte da ficção. Pois os livros têm um meio de influenciar uns aos outros. A ficção será muito melhor para ficar de bochecha erguida com poesia e filosofia. Além disso, se você considerar qualquer grande figura do passado, como Sappho, como a Senhora Murasaki, como Emily Brontë, você verá que ela é tanto uma herdeira quanto uma originadora, e veio à existência porque as mulheres passaram a ter o hábito de escrever naturalmente; de modo que mesmo como um prelúdio para a poesia tal atividade de sua parte seria inestimável.

Mas quando olho para trás através destas notas e critico minha própria linha de pensamento ao fazê-las, descubro que meus motivos não foram totalmente egoístas. Aí perpassa estes comentários e discussões a convicção - ou será o instinto? - de que bons livros são desejáveis e que bons escritores, mesmo que mostrem toda variedade de depravação humana, ainda são bons seres humanos. Assim, quando lhe peço que escreva mais livros, estou lhe exortando a fazer o que será para seu bem e para o bem do mundo em geral. Como justificar este instinto ou crença que não conheço, pois palavras filosóficas, se uma pessoa não foi educada em uma universidade, estão aptas a jogar a falsidade. O que se entende por "realidade"? Parece ser algo muito errático, muito pouco confiável - agora encontrado em uma estrada poeirenta, agora em um pedaço de jornal na rua, agora em um narciso ao sol. Ilumina um grupo em uma sala e carimba um ditado casual. Ele sobrepõe uma caminhada para casa sob as estrelas e torna o mundo silencioso mais real do que o mundo da fala - e lá está ele novamente em um ônibus no tumulto de Piccadilly. Às vezes, também, parece habitar em formas muito distantes para que possamos discernir qual é sua natureza. Mas o que quer que toque, ele conserta e torna permanente. Isso é o que resta quando a pele do dia é lançada na sebe; isso é o que resta do tempo passado e de nossos amores e ódio. Agora o escritor, como eu penso, tem a chance de viver mais do que as outras pessoas na presença desta realidade. É seu negócio encontrá-la, recolhê-la e comunicá-la ao resto de nós. Assim, pelo menos eu inferi da leitura de LEAR ou EMMA ou LA RECHERCHE DU TEMPS PERDU. Pois a leitura destes livros parece realizar uma curiosa operação de sofá sobre os sentidos; vê-se mais intensamente depois; o mundo parece despojado de sua cobertura e com uma vida mais intensa. Essas são as pessoas invejáveis que vivem na inimizade com a irrealidade; e essas são as pessoas lamentáveis que são golpeadas na cabeça pela coisa feita sem saber ou se importar. Para que quando eu lhes peço para ganhar dinheiro e ter um quarto próprio, eu lhes peço para viver na presença da realidade, de uma vida revigorante, pareceria, quer se possa transmiti-la ou não.

Aqui eu pararia, mas a pressão das convenções decreta que todo discurso deve terminar com uma peroração. E uma peroração dirigida às mulheres deve ter algo, concordarão, particularmente exaltando e enobrecendo sobre isso. Devo implorar-lhe que se lembre de suas responsabilidades, que seja mais elevada, mais espiritual; devo lembrar-lhe o quanto depende de você, e que influência você pode exercer sobre o futuro. Mas essas exortações podem, creio, ser deixadas com segurança para o outro sexo, que as colocará, e de fato as colocou, com muito mais eloquência do que eu posso compassar. Quando rumbo em minha própria mente, não encontro sentimentos nobres sobre ser companheiros e igualar e influenciar o mundo para fins mais elevados. Eu me encontro dizendo brevemente e prosaicamente que é muito mais importante ser eu mesmo do que qualquer outra coisa. Não sonho em influenciar outras pessoas, eu diria, se eu soubesse como fazer parecer exaltado. Pense nas coisas em si mesmo.

E mais uma vez me lembro mergulhando em jornais, romances e biografias que quando uma mulher fala com mulheres, ela deve ter algo muito desagradável na manga. As mulheres são duras para as mulheres. As mulheres não gostam de mulheres. Mulheres - mas você não está doente até a morte da palavra? Posso assegurar-lhe que estou. Concordemos, então, que um trabalho lido por uma mulher para uma mulher deve terminar com algo particularmente desagradável.

Mas como é isso? Em que posso pensar? A verdade é que, muitas vezes, gosto de mulheres. Gosto do pouco convencionalismo delas. Gosto da completude delas. Eu gosto do anonimato delas. Eu gosto, mas não posso continuar assim. Aquele armário ali, você diz que só tem guardanapos de mesa limpos; mas e se Sir Archibald Bodkin estivesse escondido entre eles? Deixe-me então adotar um tom mais estéril. Eu, nas palavras anteriores, já lhe transmiti suficientemente os avisos e a reprovação da humanidade? Contei-lhe a opinião muito baixa em que o Sr. Oscar Browning se encontrava. Indiquei o que Napoleão um dia pensou de você e o que Mussolini pensa agora. Então, caso alguma de vocês aspire à ficção, copiei para seu benefício o conselho do crítico sobre reconhecer corajosamente as limitações de seu sexo. Eu me referi ao Professor X e dei destaque à sua afirmação de que as mulheres são intelectualmente, moralmente e fisicamente inferiores aos homens. Entreguei tudo o que veio em meu caminho sem ir em busca disso, e aqui está um aviso final - do Sr. John Langdon Davies. O Sr. John Langdon Davies adverte as mulheres "que quando as crianças deixam de ser totalmente desejáveis, as mulheres deixam de ser totalmente necessárias". Espero que vocês tomem nota disso.

Como posso encorajá-las ainda mais a fazer o negócio da vida? Jovens mulheres, eu diria, e por favor, atendam, pois a peroração está começando, vocês são, em minha opinião, vergonhosamente ignorantes. Vocês nunca fizeram uma descoberta de qualquer tipo de importância. Vocês nunca abalaram um império ou conduziram um exército para a batalha. As peças de Shakespeare não são de sua autoria, e você nunca introduziu uma raça bárbara às bênçãos da civilização. Qual é a sua desculpa? Está tudo muito bem para você dizer, apontando para as ruas, praças e florestas do globo, repletas de habitantes brancos e pretos e cor de café, todos ocupados com o trânsito e com o empreendimento e com a produção de amor, que temos tido outros trabalhos em nossas mãos.

Sem isso, aqueles mares não estariam navegando e aquelas terras férteis seriam um deserto. Nós carregamos, criamos e lavamos e ensinamos, talvez até a idade de seis ou sete anos, o um bilhão e seiscentos e vinte e três milhões de seres humanos que são, de acordo com as estatísticas, atualmente existentes, e que, permitindo que alguns tivessem ajuda, leva tempo.

Há verdade no que você diz - não o negarei. Mas, ao mesmo tempo, posso lembrar-lhe que existem pelo menos duas faculdades para mulheres na Inglaterra desde 1866; que após 1880 uma mulher casada foi autorizada por lei a possuir sua própria propriedade; e que em 1919 - o que é um todo há nove anos atrás ela teve direito a voto? Posso também lembrar que a maioria das profissões estão abertas a você há dez anos? Quando você refletir sobre esses imensos privilégios e o tempo durante o qual eles foram desfrutados, e o fato de que deve haver neste momento cerca de duas mil mulheres capazes de ganhar mais de quinhentas por ano de uma forma ou de outra, você concordará que a desculpa da falta de oportunidade, treinamento, incentivo, lazer e dinheiro não é mais válida. Além disso, os economistas estão nos dizendo que a Sra. Seton teve muitos filhos. É claro que você deve continuar tendo filhos, mas, assim dizem, em dois e três, não em dez e doze.

Assim, com algum tempo em suas mãos e com algum aprendizado de livros em seu cérebro - você já teve o suficiente do outro tipo, e é enviada para a faculdade em parte, suspeito, para ser inculta - certamente você deveria embarcar em outra etapa de sua carreira muito longa, muito laboriosa e altamente obscura. Mil canetas estão prontas para sugerir o que você deve fazer e que efeito você terá. Minha própria sugestão é um pouco fantástica, admito; prefiro, portanto, colocá-la sob a forma de ficção.

Eu lhes disse no decorrer deste trabalho que Shakespeare tinha uma irmã; mas não a procurem na vida do poeta Sir Sidney Lee. Ela morreu jovem - como ela nunca escreveu uma palavra. Ela está enterrada onde os ônibus agora param, em frente ao Castelo. Agora minha crença é que esta poetisa que nunca escreveu uma palavra e foi enterrada na encruzilhada ainda vive. Ela vive em você e em mim, e em muitas outras mulheres que não estão aqui para dormir, pois elas estão lavando a louça e colocando as crianças na cama. Mas ela vive; pois os grandes poetas não morrem; eles continuam presentes; precisam apenas da oportunidade de caminhar entre nós em carne e osso. Esta oportunidade, como eu penso, está agora ao seu alcance para lhe dar. Pois minha crença é que se vivemos mais um século ou assim - estou falando da vida comum que é a vida real e não das pequenas vidas separadas que vivemos como indivíduos - e temos quinhentos por ano cada um de nós e salas próprias; se temos o hábito da liberdade e a coragem de escrever exatamente o que pensamos; se fugimos um pouco da sala comum e vemos os seres humanos não sempre em sua relação uns com os outros, mas em relação à realidade; e o céu, também, e as árvores ou o que quer que elas sejam em si mesmas; se olharmos além do papão de Milton, pois nenhum ser humano deve fechar a vista; se encararmos o fato, pois é um fato, que não há braço a que se agarrar, mas que vamos sozinhos e que nossa relação é com o mundo da realidade e não apenas com o mundo dos homens e das mulheres, então virá a oportunidade e o poeta morto que era irmã de Shakespeare colocará sobre o corpo que ela tantas vezes depôs. Tirando sua vida da vida do desconhecido que foi seu precursor, como fez seu irmão antes dela, ela nascerá. Quanto à sua vinda sem essa preparação, sem esse esforço de nossa parte, sem essa determinação de que, quando nascer de novo, ela encontrará a possibilidade de viver e escrever sua poesia, que não podemos esperar, pois isso seria impossível. Mas eu sustento que ela viria se trabalhássemos para ela, e que assim trabalhar, mesmo na pobreza e na obscuridade, vale a pena.

O FIM

www.ingramcontent.com/pod-product-compliance
Lightning Source LLC
Chambersburg PA
CBHW061402250726
48657CB00004B/1614